做善于推销自己的
中央建筑企业

记录发展路径　凝聚前进力量

刘永奎 著

图书在版编目（CIP）数据

做善于推销自己的中央建筑企业 / 刘永奎著 . -- 北京：中国经济出版社，2023.8
ISBN 978-7-5136-7366-2

Ⅰ.①做… Ⅱ.①刘… Ⅲ.①建筑企业-新闻工作-宣传工作-研究-中国 Ⅳ.① F426.9 ② G219.2

中国国家版本馆 CIP 数据核字（2023）第 116976 号

责任编辑　姜　莉
责任印制　马小宾

出版发行	中国经济出版社
印 刷 者	北京艾普海德印刷有限公司
经 销 者	各地新华书店
开　　本	880mm×1230mm　1/32
印　　张	7.75
字　　数	210 千字
版　　次	2023 年 8 月第 1 版
印　　次	2023 年 8 月第 1 次
定　　价	69.00 元

中国经济出版社　网址 www.economyph.com　社址 北京市东城区安定门外大街 58 号　邮编 100011
本版图书如存在印装质量问题，请与本社发行中心联系调换（联系电话：010-57512564）

版权所有　盗版必究（举报电话：010-57512600）
国家版权局反盗版举报中心（举报电话：12390）　　服务热线：010-57512564

序一

2015年12月25日，习近平总书记在视察解放军报社时指出："现在，媒体格局、舆论生态、受众对象、传播技术都在发生深刻变化……。读者在哪里，受众在哪里，宣传报道的触角就要伸向哪里，宣传思想工作的着力点和落脚点就要放在哪里。"①

中国电建作为全球清洁低碳能源、水资源与环境建设的引领者，全球基础设施互联互通的骨干力量，服务"一带一路"建设的龙头企业，业务遍及全球130多个国家和地区，为世界各国、全球客户交付了一系列代表行业领先水平、令世人瞩目的精品工程。但自古文武难两全，水电建设行业频出艰苦奋斗、精益求精的大国工匠，却不一定易于出现娓娓道来、引人入胜的新闻宣传工作者。在当前"互联网正在媒体领域催发一场前所未有的变革"的历史重要时刻，央企不能缺席，央企的宣传工作者也要顺应时代潮流迎难而上！

刘永奎同志历任《中国电力建设报》记者、《中国交通报》特邀记者、《电建路桥》编辑、《道和人》主编，是新闻宣传岗位上的金梁玉柱、工程建设一线的生花妙笔。不但自己笔耕不辍，更难得的是愿意传薪指路，将新闻工作者的敏锐直觉和工程建设的严谨方法论结合起来，著成这部数十万字的《做善于推销自己的中央建筑企业》。

这本书适合央企新闻宣传战线上的各个岗位人员阅读，对于一线通讯员，它不但娓娓道来"解释企业新闻功能、职能与撰写基本要求，明确企业宣传的根本导向"，还以丰富的案例和范文，手把手教导了如何"解决企业宣传新闻稿件质量不高、宣传价值不高的问题"；对于中层干部，它分析了"解决中央建筑企业基层单位什么时候写、写什么、怎么写企业新闻的问题"；对于高层领导，它引发了"企业宣传、企业文化、企业品牌工作融合的思考"。最终，解决了千辛万苦建成的工程无人知晓其建设者、

---

① 曹智，栾建强，李宣良. 坚持军报姓党坚持强军为本坚持创新为要 为实现中国梦强军梦提供思想舆论支持[EB/OL]. (2015-12-27) [2023-08-01]. http://politics.people.com.cn/n1/2015/1227/c1024-27980577.html.

创纪录的工程业绩无人欢呼、企业好人好事不知从何落笔等诸多宣传工作中实际存在的痛点、难题、盲区，堪称央企"一线通讯员掌中宝"。

刘永奎同志大作付梓之际，嘱托我为此书作序。我与刘永奎同志共事多年，亲眼目睹他的进取和成长，从意气风发的初生牛犊，到独当一面的中坚干部。感于其知行合一、言之有据，更希望看到刘永奎同志能金针度人，承前启后，帮助央企新闻宣传岗位培养出千千万万个骨干力量。

最后祝贺刘永奎同志的《做善于推销自己的中央建筑企业》出版发行。

中国电力建设集团有限公司新闻中心主任：孙建立

序二

国有企业是中国特色社会主义的重要物质基础和政治基础，是我们党执政兴国的重要支柱和依靠力量，这是习近平总书记对国有企业的属性、地位、所肩负的使命等作出的重要论述。从中华人民共和国成立初期的百业待兴、改革开放伟大变革到全面建成小康社会，从中国人民站起来、富起来到强起来，国有企业的贡献贯穿新中国 70 多年的光辉历程，覆盖社会、科技、国防、民生等各领域，为巩固国家政权和推动经济社会发展立下了不朽功勋。

作为世界 500 强之一的中国电建所属的核心骨干子企业，中电建路桥集团有限公司（以下简称电建路桥）核心主业覆盖公路、铁路、轨道交通、市政工程、城市综合开发、水务水资源和环境治理、生态环保、绿色建材等众多领域。循着电建路桥十余年的发展脉络，公司全体干部职工置身于引领中国建筑行业向更高水平迈进的大背景中，坚决贯彻党中央、国务院国资委决策部署，认真践行中国电建"建世界一流企业，创全球卓越品牌"的企业愿景和"事耀民生，业润社会"的企业理念，积极适应国家供给侧结构性改革和建筑产业改革调整，聚焦专业市场平台和多元化发展一专多能的发展定位，努力打造以国内一流的基础设施投资商、绿色建材提供商、城市发展服务商、工程建设承包商、生态环境集成商、产业发展营运商为支撑的"六商路桥"。

十余年来，电建路桥全面深度融入国家重大战略，在国内投资建设一大批国家重大工程，为中国电建实现建设世界一流企业的战略目标加注了电建路桥力量，以实干践行中央企业"建设地方、服务地方"的历史使命，谱写出"六商路桥"的重要故事。

党的二十大，二十届一中、二中全会确立了领航新时代新征程新辉煌的坚强领导集体，为新时代新征程党和国家事业发展、实现第二个百年奋斗目标指明了前进方向、确立了行动指南，擘画了中国未来发展蓝图。在国务院国资委和中国电建集团党委的正确领导下，电建路桥迎来一个全新的发展阶段。

"纸上得来终觉浅,绝知此事要躬行。"站在新时代的历史起点,回眸电建路桥成立的十余年,全体电建路桥干部职工传承中央企业"红色基因",激荡发展动力,脚踏实地推进企业做大做强,在创新发展和协调发展中实现了企业稳步健康发展。《做善于推销自己的中央建筑企业》这本书中很多职工的文章、文字真实记录了电建路桥发展中许多值得记忆的奋斗历程与使命担当,为全体干部职工增添了前行的信心和勇气。

转眼已是骄阳似火的 6 月,2006 年我受命调入北京,参加电建路桥筹备组建工作,17 年来该公司发展的点点滴滴已成为我生命中最重要的印记。刘永奎同志是 2013 年到电建路桥公司的,当刘永奎同志拿着厚厚的一叠书稿找到我,请我为本书作序时,十年前初识他的情景仿佛仍在眼前。十余年间,他从一名军队转业干部转变为一名企业党建、宣传工作的多面手,正是广大电建路桥人以实干实绩建设、发展国有企业的写照,正是广大中央建筑企业党员干部以骨子里的信念、忠诚、激情和热血铸牢初心、勇担使命,争做新时代敢干事、能干事、干成事的央企人的写照,也正是 14 亿中国人民在以习近平同志为核心的党中央坚强领导下,在强国建设、民族复兴的新征程上踔厉奋发、一往无前的写照!

借此,我由衷地向中国电建总部领导机关、电建系统所有兄弟单位、电建路桥广大干部职工、所有关心和支持电建路桥发展的单位、领导道一声感谢!电建路桥的每一点进步、每一次跋涉,都倾注着您们的殷切期望、心血智慧和关心厚爱!

不忘初心,方得始终。迎着新时代改革强企浪潮,电建路桥全体干部职工正坚守政治灵魂,牢记职责使命,怀抱职业理想,永葆赤子之心,朝着党的二十大全面建成社会主义现代化强国、全面推进中华民族伟大复兴的宏伟蓝图奋勇向前!

中电建路桥集团有限公司党委书记、董事长:

前言

国有企业新闻的力量

互联网时代，信息由稀缺、昂贵变为丰富、廉价，媒体融合时代已然来临，企业发展与社会的关系更趋立体、复杂，大量网络信息真假难辨、鱼龙混杂，这是一个"后真相"的时代！在这个信息化的浪潮中，任何一个伟大的企业，都处在一个不快则退、不优则败、不进则亡的境地！

作为坚持公有制主体地位的组织基础和制度保障，国有企业承担着推进国家现代化和保障人民共同利益的历史重任，背负着引领现代化经济体系建设的重大使命。在新中国改革开放和社会主义发展进程中，国有企业宣传工作坚持党的领导，在建立现代企业制度过程中发挥了重要作用。面对已然来临的融媒体时代，如何继续发挥国有企业宣传的力量，做到政治上更强大、传播上更强大、影响力上更强大？如何为国有企业的改革发展提供强大的舆论支持？如何在全面建设社会主义现代化国家、全面推进中华民族伟大复兴的伟大征程中更好地贡献国有企业的力量？

时间是最公正的尺度，丈量着企业的发展路径，凝聚着企业不断向前的力量。产品作为事关企业生死的核心要素固然重要，但信息化浪潮的到来使用户对产品品质、产品品牌、企业品牌的定位变得更加复杂，建设、保持具有行业引导优势的企业品牌已成为影响国有企业长远发展乃至生死存亡的重要因素。

融媒体时代，国有企业在建设、保持主导行业发展强势品牌的过程中，企业宣传正由图文时代向视频时代发生着重大变革。而作为融媒体时代企业对外传播的基石，"内容为王"的企业新闻依然是企业迈入融媒体时代、创造优质视频作品的必然要素，只有持续发挥企业新闻发现、发掘企业优质宣传内容的作用，才能在融媒体时代的企业宣传变革中实现持续健康发展，筑牢企业发展基石，促使企业行稳致远。

对中央建筑企业新闻工作的思考

千辛万苦建成的工程无人知晓其建设者；
耗费巨资取得的科技成果竟成他人首创；
创纪录的工程业绩鲜为人知；
企业内好人好事涌现却不知从何写起；
商务活动还要从最基本的"我们是干什么的"说起。

"知者行之始，行者知之成。"带着对以上问题的反思，如何利用企业新闻展现企业成果，如何以企业宣传为企业发展构建良好的舆论基础，如何以企业新闻为企业商务活动助力并最终实现经济价值转化，是笔者一直思考的问题。

在多年的中央建筑企业新闻工作实践中，笔者遇到的各类问题层出不穷：一线通讯员时常更换且兼职多项工作，通讯员写作能力欠缺、发现新闻的能力不强、工作精力不足等，致使企业基层单位报送的新闻数量不足；新闻稿件要素不全、逻辑错误、质量不高等，导致新闻编辑工作每每都要从最基础的通顺文字做起。

"巧妇难为无米之炊"，在企业新闻稿件数量严重不足的前提下，再好的编辑也无法凭空想象、编造信息。在发布的企业新闻数量不足、不能真实体现企业实际工作的情况下，企业宣传又如何为企业发展提供助力？众多"鲜活"的企业新闻时常被忽视和"溜走"，传播企业文化、打造企业品牌，又如何摆脱"空中楼阁"的局面？

带着这些思考，笔者查阅学习了大量有关企业宣传、新闻方面的书籍和授课讲义，对这些问题始终不能获得一个系统的答案或解决办法。高屋建瓴、全局观念强的新闻书籍知识面虽广，但对于基层通讯员来说，他们身兼数职，没有更多的时间和精力去仔细研读专业知识，也不可能要求基层通讯员在身兼多职的同时具备专业新闻工作者的能力；宏观、概念型的授课由于结合企业具体工作较少，听的时候都能明白，但在结合具体宣传工作的实践中，依然不能解决什么时候写、写什么、怎么写的问题；专业、细致的内容讲解仅涉及企业发展的某个方面或某个时段，不能较好地覆盖中央建筑企业基层单位在全部发展阶段新闻撰写的需求。

机遇稍纵即逝，时间是企业发展中最宝贵的财富，企业宣传更是如此。让中央建筑企业乃至所有国有企业基层员工快速入门，学会发现新闻、写出新闻，掌握组织企业新闻报道活动的基本能力，这是笔者写这本书的出发点与由来；以企业新闻为起点，倡导企业建好新闻队伍、构建好企业的宣传体系、开拓出更多更新的宣传方法、铸就良好的企业品牌形象，助力企业行稳致远，才是本书的写作目的所在。

本书写作思路

本书写作有以下几个目标。第一，解释企业新闻功能、职能与撰写基本要求，加深企业基层通讯员对企业新闻的整体认识，从而弄清为什么要做好企业新闻工作，明确撰写企业新闻的目的。第二，以中央建筑企业为例，按项目建设进程、时间等要素对企业新闻进行梳理分类，以"范文+讲解"的方式讲解企业新闻写作方法、组织方式，解决新入职企业新闻工作的通讯员什么时候写、写什么、怎么写企业新闻的问题，帮助通讯员初步了解企业新闻撰写的基本方式、方法。第三，以企业新闻稿件编辑过程为例，讲述提升企业新闻稿件质量、提高上稿率的一些思路，解决企业新闻稿件质量不高、宣传价值不高的问题。第四，以企业新闻范文为例，讲述企业新闻、企业文化、企业品牌建设的相互关系与相互促进实例，提出企业文化、企业品牌建设的相关思考，以引发企业、从业人员对企业文化、企业品牌价值提升的思考，激发企业宣传工作者做好做强企业宣传工作，为企业行稳致远开拓出更多更新的企业宣传方法。

本书主要针对中央建筑企业基层单位新闻工作者和企业文化、企业品牌管理者，并拓展至其他国有企业。

面对已然来临的融媒体时代，中央建筑企业都将会（或应该）面临以下问题：如何将基层单位新闻通讯员（兼职通讯员）队伍建设简单化？企业新闻如何为企业文化或企业品牌增加价值？如何利用企业新闻树立企业形象和打造企业品牌？企业文化、企业品牌应该怎样宣传？当然，笔者也希望这本书能进入相关管理学院的推荐书目，以便新毕业学生在从业前提升自己在企业宣传、企业文化、企业品牌方面工作的实操能力。

第 1 章对企业新闻的功能、职能、基本要求进行了简述，对企业新闻的出发点与目的进行了明确，提出了企业新闻的 7 个功能、4 个职能和 7 个方面的要求，其中包括对这些内容的定义与诠释，为企业新闻管理评价提供价值衡量与管理借鉴。

第 2 章结合中央建筑企业特点对基层单位企业新闻进行梳理和分类，从项目进展、年度时间这两个方面的 16 个类别，以"范文 + 实例"的方式就企业新闻写作时机、写作方法、写作重点、写作组织等方面内容进行了基础讲解，以便企业初入职通讯员学习借鉴。

在项目进展类新闻方面，分别包含中标、机构组建、施工方案评估、评审、投融资、施工准备、会议（培训、企业领导活动）、开工建设（新闻通稿）、首件工程、阶段进展、控制性工程、重大节点、运维、获奖与感谢信、媒体报道（媒体沟通）、社会责任等项目建设全周期的 15 个类别。

第 3 章从 9 个方面提出企业新闻具体写作方面的思路开拓和方向，提出提高企业新闻写作质量的实操思路与办法，并结合企业新闻实例提出企业新闻策划组织的部分办法、经验，为企业新闻工作人员与管理者提供借鉴。

第 4 章从 7 个方面列举了企业新闻融入企业文化与企业品牌的范例文章，并予以展开论述，在每个小节结尾部分均提出延伸的思考问题。通过这种办法，将每个小节的思想转化为企业文化、企业品牌工作的部分诊断和行动思考。有些问题可以促使国有企业重新看待企业文化和品牌建设环境，有些问题则引发国有企业相关从业人员思考。

目录

01 企业新闻概述

- 02 企业新闻的功能
- 05 企业新闻的职能
- 06 企业新闻的基本要求

02 建筑企业新闻撰写——基础篇

- 14 按项目进展写好新闻
- 14 　　中标
- 24 　　机构组建
- 30 　　施工方案评估、评审
- 36 　　投融资
- 40 　　施工准备
- 45 　　会议(培训、企业领导活动)

50	开工建设（新闻通稿）
56	首件工程
66	阶段进展
70	控制性工程
78	重大节点
84	运维
88	获奖与感谢信
92	媒体报道（媒体沟通）
97	社会责任
104	按年度时间写好新闻

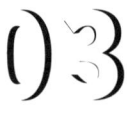

建筑企业新闻撰写——拓展篇

- 114 宣传时代主流声音
- 118 主动发声
- 124 站位要高
- 131 要有灵魂
- 135 标题要勾"魂"
- 152 学会"沾亲带故"
- 156 学会抱团取暖
- 161 要胆大 更要心细
- 169 做个熟悉的"陌生"人

04

构建善于推销自己的多维企业宣传体系

177	推销历史
190	推销同行
194	推销情感
201	推销员工
208	推销口碑
216	推销故事
220	推销能量

| 230 | **后记** |

企业新闻概述

01

企业新闻是企业宣传的重要手段,是对企业通过报纸、电台、电视台、互联网等媒体途径所传播信息的一种称谓。从新闻学角度讲,新闻有广义和狭义之分。广义的新闻指消息、通讯、报告文学、特写、评论、专访等;狭义的新闻单指消息。

企业新闻的功能

企业新闻从受众来看,可以分为对内传播对象和对外传播对象。两种传播对象都是从人的因素出发,对内则传播企业文化、企业精神、企业理念,激发企业员工的积极性和创造性,增强企业凝聚力;对外则通过企业宣传,树立企业形象、提高品牌忠诚度和竞争力,推动社会精神文明建设、促进社会文化进步。综合企业新闻在企业发展实践中的作用,可将企业新闻的功能定位于以下几个方面。

导向功能

企业新闻的导向功能,是指通过企业新闻对企业发展方向、企业价值理念和员工行为规范的宣传和传播,使新闻受众树立正确的价值观、优秀的道德观并形成成熟的思考体系,对社会发展起到推动和促进作用。从企业内部来说,则是通过企业宣传将企业目标、愿景、理念、价值观、行为规范铭刻进全体员工的脑海里，使企业相关理念成为企业员工在对外活动中遵守的准则，引导员工的对外活动，为企业实现长远发展目标助力。

凝聚功能

企业新闻的凝聚作用首先表现在引导本企业内全体成员在思想上形成统一的企业群体意识，然后在行动上表现出巨大的力量，使企业的发展目标得以顺利实现。企业新闻通过正面宣传引导企业的群体组织和员工把个人的理想信念融入企业整体的理想信念中，达成价值观的共识，为企业发展提供强大的精神动力。当个人价值观与企业价值观融为一体时，企业成员才会感到自己不仅是在为企业工作，也是在为自己工作。这种员工与企业理想信念的和谐一致，能够激发起员工强烈的归属感和自豪感。

通过企业的对外宣传，寻求思想、价值和理念相通的合作伙伴，促进企业与不同国家、机构、单位的文化互鉴、民意相通，相互传递客观的、有建设性的和负责任的积极声音，促进企业获得外部认可与合作，从而树立良好的企业品牌形象。

激励功能

对企业正面典型和正面形象的宣传，有助于企业内部形成相互尊重、平等、民主的氛围，激发员工寻求出色工作的愿望和在出色企业中工作的愿望，使员工保持高度的自觉性、主动性，从而极大地发挥自己的体力、智力和聪明才干。

同时，加强企业新闻的对外传播，能树立良好的企业形象，提升企业品牌，从而将对企业员工个体的激励转变为群体激励，强化员工对企业的归属感、使命感和荣誉感，从而激发出员工巨大的工作热情并在对外活动中自觉维护企业的利益。

约束功能

企业新闻通过对企业行为规范、制度规章的宣传，助力企业形成精神、理念等方面的"无形"约束力，有效弥补制度、规范、要求等"硬"约束的不足，通过员工的自我控制、自我约束，有效助力企业总体目标的实现。

辐射功能

企业新闻作为一种传播手段，可以向外辐射，对企业周围、合作方乃至区域、整个社会产生积极的影响。优秀的企业宣传能为企业争取广泛的社会信誉，是现代社会中企业巨大的无形资产。

和谐功能

企业新闻能较好地协调企业和社会的关系，使社会和企业协调一致。主要表现在和谐关联企业之间的关系（合作伙伴）、和谐人际关系、和谐企业物质文明和精神文明、和谐企业文化和社会文明等方面。

经济功能

企业新闻通过对内宣传，有助于激励企业员工的主动性、积极性，协调员工行为，形成强大的凝聚力和向心力，调动员工的生产积极性及创造能力，思想和价值实现共振，使企业健康发展。

通过对外宣传，能树立企业形象、提高品牌忠诚度，形成强大的市场竞争力，助推企业实现良好发展。

企业新闻的职能

从企业新闻的功能不难看出,企业新闻的出发点是企业利益的最大化,这决定了企业新闻无一例外地是表扬,是歌颂,是讲好人好事,是正面宣传的内容。与媒体新闻相比,企业新闻通常不采用针砭时弊的写作方式。

企业新闻在企业发展中承担以下职能:

企业文化的推广者

脱离企业文化,企业难以获得长久持续的发展,也谈不上核心竞争力。作为企业宣传的重要手段,企业新闻必须围绕企业目标、企业价值观等企业文化要素,传播好企业自身文化,当好企业文化的推广者。

企业理念的宣传者

企业理念是企业作为一个社会整体在长期社会活动中形成的精神和行事准则,宣传好企业理念对内有助于培养具有统一信念的员工,有助于形成凝聚力和向心力;对外有助于企业寻求到观念一致、价值一致、目标一致的合作伙伴,从而有助于企业的可持续发展。

企业品牌的塑造者

简单来说,企业品牌就是企业产品的名称。事实上,当前企业品牌的含义已经被大大拓展。企业通过长期宣传自身产品及产品背后的故事、理念,不仅能使人对企业产品产生认同,还能显著提高企业的整体形象,成为企业参与市场竞争的核心竞争力。

企业生命的延续者

好的企业品牌、好的产品、好的企业内外环境等都与企业的长远发展息息相关,企业新闻围绕企业内部新闻,做好企业文化的宣传和推广工作,提炼、总结企业独有的、新的、先进的文化理念,为打造百年企业筑牢文化基石,为企业发展创造好的舆论环境,围绕企业长期健康发展提供服务,成为企业生命的延续者。

企业新闻的基本要求

导向正确

2015年12月25日,习近平总书记在视察解放军报社时指出:"现在,媒体格局、舆论生态、受众对象、传播技术都在发生深刻变化,特别是互联网正在媒体领域催发一场前所未有的变革。读者在哪里,受众在哪里,宣传报道的触角就要伸向哪里,宣传思想工作的着力点和落脚点就要放在哪里。"

2022年8月30日,中共中央政治局委员、中宣部部长黄坤明在出席2022中国新媒体大会开幕式时强调:"要坚持正确导向、突出内容建设,深入宣传阐释党的创新理论的真理力量和实践伟力,生动鲜活唱响时代主旋律、传播时代最强音。"

2022年2月,在京召开的中央企业宣传思想工作会议提出:"要坚持以习近平新时代中国特色社会主义思想为指导,贯彻落实党中央决策部署和全国宣传部长会议要求,聚焦迎接宣传贯彻党的二十大工作主线,唱响主旋律、壮大正能量,为中央企业奋进新征程建功新时代提供坚强思想保证、凝聚强大精神力量、营造良好舆论环境。"

中央企业的新闻工作必须坚持党的领导、加强党的建设，时刻用党的新思想、新理论武装头脑、指导实践、推动工作，确保党和国家方针政策、重大部署在中央企业的贯彻执行，为中央企业奋进新征程建功新时代提供坚强思想保证、凝聚强大精神力量、营造良好舆论环境，唱响时代主旋律、传播时代最强音，为展现可信、可爱、可敬的中国形象，为实现中华民族伟大复兴的伟大目标助力。

内容真实

中国共产党宣传思想阵线的卓越领导人陆定一同志在著名新闻学论文《我们对于新闻学的基本观点》中，用辩证唯物主义的哲学观点与方法，阐述了无产阶级新闻学最基本的问题，即新闻的本源问题，同时阐明了"新闻如何能真实"的问题。文中提出，新闻的本源是物质的东西，就是事实，就是人类在与自然斗争中和在社会斗争中所发生的事实。因此，新闻的定义，就是新近发生的事实的报道。新闻的本源是事实，新闻是事实的报道，事实第一性、新闻第二性，事实在先、新闻（报道）在后。

2015年9月1日，新《广告法》的实施进一步完善了广告监管法律制度，对构建文明诚信的广告市场秩序具有极其重要的现实意义。企业发布的新闻稿，虽然不等同于广告，但是严格来讲也必须符合《广告法》的规定。

2017年5月2日，中国网信网发布了新版《互联网新闻信息服务管理规定》，明确提出未经许可，微信公众号、网络视频禁止发布新闻以及评论。这是直接关系到网络新闻发布的管理规定。

新《广告法》和《互联网新闻信息服务管理规定》的颁布，再次强调了新闻媒体的权威性。因此，企业在发布新闻稿时，要更准确地体现新闻的价值，确保新闻内容的真实性，一切从实际出发，实事求是地去做新闻报道，更好地服务读者，确保企业新闻发布的权威性、可信度，培育企业公信力。

要素齐全

19世纪80年代，西方新闻界提出构成新闻事实的要素包括who（谁）、where（在哪里）、when（什么时候）、what（什么）、why（为什么）五要素，后来增加了一个要素，即how（怎么样），用英文字头简称"5W1H"，被人们称为新闻六要素。此后，新闻六要素被世界新闻界普遍遵循，成为新闻写作的基本原则。

结合当前企业新闻工作所应遵循的法律、规章等，企业新闻还应将作者署名、消息来源等纳入新闻的要素中，以清晰列出消息来源单位、人员，从而保障企业新闻内容的可靠性与可追溯性。

结构完整

新闻结构是新闻作品谋篇布局的整体设计。主要组成部分是引语—主体—结尾。运用较普遍的类型有：

(1) 按事实轻重安排的倒金字塔结构，把最重要、最新鲜的事实放在最前面。

(2) 按事件发生时间先后安排的金字塔结构，又称积累兴趣结构。它采用事实性引语，一段比一段具体，事件的结果要到最后一段才写出来。

(3) 并列式结构，将同等重要的事实平行排列，又称双塔式结构。

(4) 延缓兴趣结构，引语中不交代具体事实，引导读者非读完全篇不可。

(5) 时间顺序结构，又称编年史结构。它有一个归纳性引语，全部材料按事件发展顺序安排，有清晰、概括的描述，总体上形成一个既完整又生动的过程。

> (6) 提要式结构，又称一二三四结构，是一种把倒金字塔结构和并列式结构结合起来的写作形式，适用于综述性新闻。

新闻结构没有一成不变的固定模式，它处于不断的发展变化之中，记者在采写新闻时，要遵循内容决定形式的原则，选择最佳的新闻结构去灵活多样地表述新闻内容。

因为企业新闻以消息居多，一般采用较多的为倒金字塔结构，其主要结构包含标题、引语、主体、背景、结尾。倒金字塔结构优点在于可以快速写作，不必为结构苦思；可以快编快删，删去最后段落，不会影响全文；可以快速阅读，无须从头读到尾。

文字简练、准确

企业新闻简练、准确的前提是意思表达准确、完整。准确，就是不能误导读者。完整，就是要让读者看得明白。

企业新闻在新闻要素齐全、真实的基础上，引用的资料、史实、引语、数字，新闻中涉及的人物姓名及其职务、职称，以及有关单位部门的名称均应准确无误。

专业术语大众化

企业新闻最多且最有价值的受众为企业外部非专业人士，在企业新闻的撰写中一定要与专业总结、学术报告有所区分，避免过多地使用专业术语，使读者能无障碍阅读。在必须使用专业术语的新闻中，应对复杂难懂的专业术语予以解释说明。

合法合规

企业新闻的撰写与发布在符合国家法律法规要求的基础上，还应当符合企业信息发布的相关规定，上市公司发布的新闻稿还需要符合《上市公司信息披露管理办法》《中华人民共和国证券法》等相关规定。

建筑企业新闻撰写
——基础篇

02

在企业新闻撰写中，最常见的新闻体裁是消息和通讯。

消息是最常见、企业基层通讯员自行撰写最多的一类新闻体裁。消息文字简短，一般只报道事件的基本事实，写作要求真实、简明、有时效性，消息由标题、引语、主体、结尾等组成。受限于字数，一则消息一般只报道一个事件。

标题是消息类新闻稿件的灵魂所在，一篇新闻稿件是否能引起读者的关注、吸引读者眼球、引起读者共鸣，标题至关重要。标题的拟定一般要求字少、准确、易懂、鲜明。字少是指消息类稿件一般情况下不设副标题，主标题控制在30字以内并尽可能少；准确是指标题要符合新闻事实，既能概括新闻内容，又不夸大内容或编造结果；易懂是指标题要符合广大受众读者的阅读习惯，避免晦涩难懂的词语或专业术语；鲜明是指标题表达的理念明确，不模棱两可。

常见的消息标题写法有以下几种：一是综合新闻内容。如某条隧道实现贯通的节点新闻，可以直接以"某某隧道实现贯通"为题，此类标题为企业新入职通讯员最易掌握、最常用的形式。二是提炼新闻的核心内容，以数字、新闻核心亮点等为开头，吸引读者的注意。如"8513吨！西南地区单体最重转体桥'空中转体'成功""山东省首条OGFC道路工程路面在公司青岛项目完成摊铺"等。三是紧扣热点、紧扣民生。结合读者关注的当下热点，使读者感受到这件事与自己的密切关联，从而产生阅读兴趣。如"'德式小镇'幸福社区很智能""张佳园项目主体结构封顶2600余村民回迁在望"等。此类标题提炼出读者关心的"智能""回迁在望"等核心词，吸引其对"智能""什么时候回迁"等产生疑问，从而展开阅读。四是巧加修饰，使标题朗朗上口，为标题注入新鲜活力。如"贾鲁河：水清岸绿燕鸥飞""水清岸绿燕鸥飞：贾鲁河水环境治理取得显著成效"等，通过对贾鲁河水环境治理后的修饰和描述，吸引读者展开阅读。五是设置矛盾、悬念，激发读者兴趣。如"电建路桥公司备受青睐为哪般？"，利用读者的好奇心，引发读者探索矛盾、悬念背后的新闻内容，以达到宣传的效果。

企业新闻一般应采用正面宣传的方式，疑问类标题采用较少，主要原因在于疑问类标题与内容的文字协调和组织较难把握尺度，新闻稿撰写需要考虑的方面多、工作量大、要求高，原则上不推荐初入职通讯员采用此类标题。

新闻标题的写法在以上基础上还有很多其他的写法，需要注意的是企业新闻的根本目的是为企业发展服务，对外发布的企业新闻标题应尽量代入公司名称或者品牌名称，以便开展企业对外宣传。

企业消息类新闻一般采取"倒金字塔结构"方式撰写，引语涵盖新闻事件的简要概述，包括"什么时间、什么地点、什么人、什么事、什么结果"等内容。主体内容一般包括背景、内容、措施、意义、成效及获得的表彰等。新闻结尾一般为宣传企业理念，表达企业决心、愿望和后续做法等内容。消息的结尾在删除后一般不会影响新闻的整体意思，为此，企业新闻（特别是对外新闻通稿）的重要宣传内容和观点应尽量放在新闻标题、引语或主体中。

通讯是企业文化建设和公关宣传的常用体裁。相对于消息来说，通讯稿件字数受限较小，表达方式更为灵活，从而比消息更详细、更生动、更具体，且通讯可以同时报道多个与主题相关的事件。企业通讯一般分为人物通讯、事件通讯、工作通讯。人物通讯在企业内部一般是报道先进典型的思想言行和事迹，揭示典型人物精神境界，达到教育员工的目的；事件通讯一般以记事为主，通过深入或者从一个侧面报道新闻事件的发生、过程、结果等，有倾向性地达到企业宣传之目的；工作通讯则是报道先进工作经验、工作成就的常用做法，通过对具体工作的剖析，概括出对企业有宣传意义的经验，总结某项工作的成果与成就。

通讯不同于一般行政公文，因撰写中会采用大量文学创作手法，需要合理安排层次、精心设计结构，抓住典型事例和细节表现工作进程或刻画人物，以避免形成文字枯燥的流水账。新学者可以参照以下的顺序尝试开展企业通讯的写作：首先确定标题和内文二级标题，按照层层递进的序列对二级标题进行提炼和整理，与大标题相互呼应并形成统一整体；然后根据拟定的二级标题，分类收集相关方面内容并进行整理，再协调全文文字并使之形成逻辑层次合理、内容完整并统一的整体。

结合建筑企业基层单位实际，本章将从按项目进展写好新闻、按年度时间写好新闻两个篇目共 16 个分项并结合范文，对企业新闻撰写进行基础讲解。

按项目进展写好新闻

中标

中标新闻素材来源一般为签约会议、中标通知书，新闻体裁一般为消息，新闻撰写组织方式通常为新闻通稿、召开新闻发布会。

中标新闻是中央建筑企业建设某项工程的首篇稿件，新闻报道内容直接关系到后续工程建设工作的开展，与人和人初次见面、第一次接触某个新事物一样，新闻稿的质量直接决定了读者的第一印象，在制造新闻热度、提升读者后续的关注度方面具有重要作用。

在常见的中标新闻撰写中，引语一般为"什么时间、什么单位、以什么方式中标，中标金额、方式、类型，中标意义"等内容；主体一般为项目建设相关内容，如"建设面积、建设长度、建设时间、建设标准、建设方式、建设措施"等；结尾部分一般为宣传企业理念的内容，可以表达企业做好工程建设的决心，也可以阐述工程当前进度、后续建设计划等。

根据中标项目实际情况的不同和单位后续宣传的需要，中标新闻在撰写中可以重点展现项目的独有特点和亮点。例如，中标金额较大的可以突出中标金额；项目类型、建设模式为企业或行业中少见的可以突出此类特点；项目建设对区域、民生具有特殊意义的可以从项目建设意义角度撰写；项目类型为企业、行业、区域创新类项目的可以侧重从创新模式角度写；等等。侧重项目独有特点和亮点写作的作用在于为后续宣传工作埋下伏笔，提升读者的后续关注度，增加企业新闻的黏度。

如"电建路桥公司 12 亿元中标国道 319 线漳州段公路项目"一稿原文标题为"公司中标国道 319 线漳州段改线一期工程"，考虑到稿件需要报送笔者所在企业的上级单位中国电建，编辑中将标题调整为"电建路桥公司 12 亿元中标国道 319 线漳州段公路项目"；在报送国务院国资委时，中国电建新闻中心编辑老师再次对标题进行了调整，改为"中国电建 12 亿元中标国道 319 线漳州段公路项目"。现在反思这篇稿件的编辑工作，以品牌名称立意、尽量缩减标题字数的做法使得标题简明扼要，让读者一目了然，值得学习。如果现在编辑此稿标题，应该会采用"中国电建路桥 12 亿元中标国道 319 线漳州段公路项目"这个标题。

原文引语为："近日，漳州公路交通实业有限公司向中电建路桥集团发来'国道 319 线漳州段改线一期工程（厦漳同城大道）施工'的中标通知书，这是海西区域市场开发经过长期不懈的努力取得的又一成果。"

这段引语读起来存在 3 个问题：

一是企业刊发的新闻稿件第一句是外部单位，很容易让读者误认为是漳州公路交通实业有限公司发生了什么事情、取得了什么成绩；

二是文字不够简明、直白、准确，其中企业名称不是企业内部文件要求的规范简称；

三是"这是海西区域市场开发经过长期不懈的努力取得的又一成果"这句话为后文埋下伏笔，结合原文后续的阅读却又缺少相应交代和回应，其中，海

> 西区域市场应是笔者企业所属福建分公司管辖的区域，为什么不加入分公司标准的企业名称或单位名称？分公司或市场开发人员到底又是怎么努力的？

调整后的引语为："日前，电建路桥公司收到福建省漳州公路交通实业有限公司的中标书，路桥公司以 12.149 亿元中标国道 319 线漳州段改线一期工程（厦漳同城大道）项目。"

原文主体部分有两段：

中电建路桥集团凭借良好的信誉、行业经验及优秀的方案，以 12.149 亿元的投标金额，赢得了招标单位的肯定。2015 年继福州绕城高速公路东南段后又一中标项目。

国道 319 线漳州段改线一期工程（厦漳同城大道）按一级公路兼城市快速路标准建设。其中，漳州台商投资区社至锦宅村接海角路段，为双向 6 车道，总长 3.4 公里；流传村东侧厦漳高速扩建段至东美村南侧，为双向 8 车道，总长 3.738 公里。此项目的建设对推进沿海城市交通便利发展有良好的推动作用。

其中"中电建路桥集团凭借良好的信誉、行业经验及优秀的方案，以 12.149 亿元的投标金额，赢得了招标单位的肯定。2015 年继福州绕城高速公路东南段后又一中标项目"回应了原文"又一项目"的问题，但是语句不通顺；段落开头自我肯定的文字无支撑内容，过于牵强。

在"国道 319 线漳州段改线一期工程（厦漳同城大道）按一级公路兼城市快速路标准建设。其中，漳州台商投资区社至锦宅村接海角路段，为双向六车道，总长 3.4 公里；流传村东侧厦漳高速扩建段至东美村南侧，为双向八车道，总长 3.738 公里。此项目的建设对推进沿海城市交通便利发展有良好的推动作用"一段中，项目介绍无条理，阅读起来逻辑性不强，层次不分明；结尾部分的"对推进沿海城市交通便利发展有良好的推动作用"一句不够具体,到底有什么良好的推动作用,原文没有作出回应。

在编辑时,笔者对主体部分段落位置进行调整,并围绕作者原先想要表达的思想就相关资料进行了重新收集和整理,调整后的文字如下:

厦漳同城大道项目是福建省车道最多的无高架公路,起点位于漳州台商投资区,设海翔大道、角嵩路、港中路3个对接点与厦门相接,主道设计为双向6至8车道,建成后,从漳州站到厦门岛内只有39.6公里,厦漳两地可实现半小时互通。此次路桥公司中标的两个标段总长7.138公里,中标金额12.149亿元,其中包括特大桥3座,中桥6座,上下匝道桥2座,涵洞10道,天桥1座,预留互通1处(玉江互通),以及养护工区1处。

该项目中标前,路桥公司针对投标时间紧、任务重的困难,协调福建分公司市场开发部相关人员,组成专项投标工作组,认真研究招标文件,明确分工和责任加班加点,迎难而上,按期保质地将投标文件交付招标方。最终,凭借"中国电建""中国电建路桥"良好的信誉、丰富的行业经验及优秀的施工方案,赢得招标单位的认可。

在新闻结尾中,原文仅"目前,施工前期准备工作正有序进行"。对应改动后的稿件,表现力略显不足。通过收集区域市场开发相关资料,笔者对结尾进行了调整,调整后的文字如下:

此项目的中标,是路桥公司继年初中标福州绕城高速公路东南段项目后再次在福建省中标的重大基础设施项目,作为国家"一带一路"基础设施建设的领先企业,中国电建始终密切关注福建省这个国家"一带一路"建设规划的始发区域,先后在福建省福州、平潭、古田、武夷山等地区高标准、高质量地建设了一大批大型基础设施及环保项目,在各项目建设中,中国电建"实力雄厚、管理规范、质量可靠、履约优良"的建设企业形象在各建设环节得到充分展现,"中国电建""中国电建路桥"良好的品牌形象得到福建省各级政府、企业的认可。

此稿最终主体内容未被大幅改动就直接发布在国家部委网站上的成绩现在看来殊为不易，笔者现下看来原因有3个方面：

> 一是标题简明扼要，12亿元的中标金额在当年的国内建筑行业内属于规模、影响力均较大的基础设施项目。

> 二是主体部分中"厦漳同城大道项目是福建省车道最多的无高架公路""厦漳两地可实现半小时互通"这两句话发挥的作用很大，一句隐含了该项目在福建省公路建设中的地位，一句隐含了项目建设对促进区域经济民生的贡献。

> 三是"中国电建始终密切关注福建省这个国家'一带一路'建设规划的始发区域"这句话提升了结尾部分内容的高度，将企业行动提升到"一带一路"国家层面，新闻的高度有了，从而使结尾段落企业品牌宣传部分的内容未被删减。

"37亿 中国电建集团以品牌优势连续中标3项目"一稿中，内容涵盖的3个中标新闻原本已经在企业内部网站刊发过了，结合企业宣传需求，笔者对阶段时间内连续中标的新闻内容进行了汇编，稿件在阐述基础中标新闻要素的同时，将新闻点由"中标"转变为"连续中标"，并由"连续中标"拓展到"以品牌优势连续中标"，从而实现了宣传企业品牌的目的。较普通单一中标新闻来说，这种以多个中标事件实例为支撑开展品牌宣传的做法，使得稿件结尾相关企业品牌宣传的支撑内容更为丰满。同时，这种对企业中有内容的、有价值点的新闻事件进行反复报道、反复宣传的做法，是企业新闻工作中加深读者印象最有效的做法之一，基层单位通讯员应高度重视并学会使用这种方法。

"公司中标首个固体废弃物处理类项目"一稿在标题及内容方面均突出了企业在

相关业务领域方面的突破。与上两篇范文对外宣传目的相比较,这篇宣传稿件针对的读者受众则是企业内部人员,属于鼓动、引导企业员工创新工作的一类新闻稿件,这也是基层单位通过企业新闻系统反映本单位改革创新成绩的一种常见做法和方式。

在实际操作中,中标新闻应该根据企业宣传需要,系统筹划,多方面、多角度宣传企业在某方面、某领域的成绩和成果,不仅要对外展开宣传,也应重视对内宣传,从而构建多方一体的企业正面形象。

附——

中国电建 12 亿元中标国道 319 线漳州段公路项目

日前,电建路桥公司收到福建省漳州公路交通实业有限公司的中标书,路桥公司以 12.149 亿元中标国道 319 线漳州段改线一期工程(厦漳同城大道)项目。

厦漳同城大道项目是福建省车道最多的无高架公路,起点位于漳州台商投资区,设海翔大道、角嵩路、港中路 3 个对接点与厦门相接,主道设计为双向 6 至 8 车道,建成后,从漳州站到厦门岛内只有 39.6 公里,厦漳两地可实现半小时互通。此次路桥公司中标的两个标段总长 7.138 公里,中标金额 12.149 亿元,其中包括特大桥 3 座、中桥 6 座,上下匝道桥 2 座,涵洞 10 道,天桥 1 座,预留互通 1 处(玉江互通),以及养护工区 1 处。

该项目中标前,路桥公司针对投标时间紧、任务重的困难,协调福建分公司市场开发部相关人员,组成专项投标工作组,认真研究招标文件,明确分工和责任加班加点,迎难而上,按期保质地将投标文件交付招标方。最终,凭借"中国电建""中国电建路桥"良好的信誉、丰富的行业经验及优秀的施工方案,赢得招标单位的认可。

此项目的中标,是路桥公司继年初中标福州绕城高速公路东南段项目后再次在福建省中标的重大基础设施项目,作为国家"一带一路"基础设施建设的领先企业,中国电建始终密切关注福建省这个国家"一带一路"建设规划的始发区域,先后在福建省福州、平潭、古田、武夷山等地区高标准、高质量地建设了一大批大型基础设施及环保项目,在各项目建设中,中国电建"实力雄厚、管理规范、质量可靠、履约优良"的建设企业形象在各建设环节得到充分展现,"中国电建""中国电建路桥"良好的品牌形象得到福建省各级政府、企业的认可。

(原载国务院国资委网 2015 年 8 月 25 日)

附——

公司中标国道 319 线漳州段改线一期工程

近日,漳州公路交通实业有限公司向中电建路桥集团发来"国道 319 线漳州段改线一期工程(厦漳同城大道)施工"的中标通知书,这是海西区域市场开发经过长期不懈的努力取得的又一成果。

中电建路桥集团凭借良好的信誉、行业经验及优秀的方案,以 12.149 亿元的投标金额,赢得了招标单位的肯定。2015 年继福州绕城高速公路东南段后又一中标项目。

国道 319 线漳州段改线一期工程(厦漳同城大道)按一级公路兼城市快速路标准建设。其中,漳州台商投资区社至锦宅村接海角路段,为双向 6 车道,总长 3.4 公里;流传村东侧厦漳高速扩建段至东美村南侧,为双向 8 车道,总长 3.738 公里。此项目的建设对推进沿海城市交通便利发展有良好的推动作用。

目前,施工前期准备工作正有序进行。

(初始稿 2015 年 8 月 20 日)

附——

37 亿 中国电建集团以品牌优势连续中标 3 项目

日前，中国电建集团所属电建路桥公司连续收到招标单位发来的中标通知书。以 19.06 亿元中标郑州航空港综合实验区河东第七至第九棚户区施工总承包项目；与水电八局、水电十一局、水电十六局组成的联合体中标武汉市青菱路主干排水、琴断口泵站及配套排水工程 BT 项目；与水电三局组成的联合体以 11.90 亿元中标陕西省汉中兴元新区西翼（汉绎居住片区）集中拆迁安置区二期、三期及翠屏西路道路工程。中标金额累计约 37 亿元。

其中，郑州航空港综合实验区河东第七至第九棚户区施工总承包项目建筑面积约 450 万平方米，每个棚户区分为两个标段，路桥公司中标的是第八棚户区第九标段，建筑面积约 86 万平方米，施工内容主要包括各地块住宅建设及各项配套工程建设等。

青菱路主干排水、琴断口泵站及配套排水工程 BT 项目工程主要建设内容为新建雨水管涵、污水管道、雨水箱涵、水泵站及压力管道施工，工程投资额约 6.12 亿元，建设工期 450 天。项目建成后，将极大缓解武汉市汉阳琴断口地区、青菱路沿线片区雨、渍水现状，对保护水源地水环境，提高区域排涝防灾能力，改善周边居民的生产和生活环境起到积极作用。

汉中兴元新区西翼（汉绎居住片区）集中拆迁安置区二期、三期及翠屏西路道路工程位于汉中兴元新区西翼（汉绎居住片区），东起兴元路道路中心线，西至西二环路道路中心线，南距阳安铁路约 100 米，北止翠屏路道路中心线，总用地面积约 582.84 亩。汉中兴元新区西翼（汉绎居住片区）集中拆迁安置区二期、三期工程层数为 2～26 层，剪力墙结构；本段翠屏西路为西接西二环路，东至天汉大道，全长 2090.799 米，道路宽度 60 米，为城市主干路。

近年来，路桥公司在电建集团（股份）公司的领导和大力支持下，与集团（股份）公司相关子企业强强联手，积极参与各地基础设施项目建设。在项目建设过程中，深入贯彻中国电建集团严管理、强履约、建精品、树形象的管理理念，强化打造"中国电建""中国电建路桥"品牌形象，以质量求生存，以信誉求发展，以管理增效益，以服务赢市场，先后为各地打造了一大批基础设施、环保精品工程和示范工程，并获多项国家、省级、市级奖项和荣誉，各地众多新开工建设项目也以展开迅速、管理规范、履约严格、进展明显得到业主单位和当地政府的好评。

此次连续中标，深刻体现各地对"中国电建""中国电建路桥"品牌的信赖和认可，路桥公司将持续发扬中国电建集团大型央企责任理念，攻坚克难，始终把地方发展和客户需要作为企业应有的责任，严抓工程建设，信守履约承诺，深入开展商业模式、服务模式、管控模式和科学技术的创新，在为地方发展作出更大贡献的同时实现企业自身的发展和进步。

（原载中国电建网 2016 年 1 月 18 日）

附——

公司中标首个固体废弃物处理类项目

10 月 19 日，电建路桥公司收到渤海宏铄（连云港）清洁技术有限公司发放的中标通知书，电建路桥公司旗下环境公司联合体成功中标新建 30 万吨 / 年危险废弃物资源化再利用项目一期工程总承包（EPC）项目，中标金额为 1.53 亿元。本项目是集团公司范围内首个固体废弃物处理类项目，标志着环境公司向着专业化、技术化的方向迈出了坚实的一步。

渤海危险废弃物资源化再利用项目一期工程建筑面积 19500 平方米，其中废盐资源化再利用 8.5 万吨，焚烧危险废弃物 1.5 万吨。包含综合利用车间 6000 平方米，危险废弃物焚烧 4000 平方米，危险废弃物储存和成品仓库 6000 平方米，综合楼 3500 平方米及厂区道路、给排水系统、电气系统、室外管网、厂区绿化等；主要设备含焚烧系统 1 套、废盐高温氧化系统 1 套、尾气处理系统 2 套、盐精制系统 1 套、污水处理系统 1 套。

（原载中国电建网 2020 年 10 月 22 日）

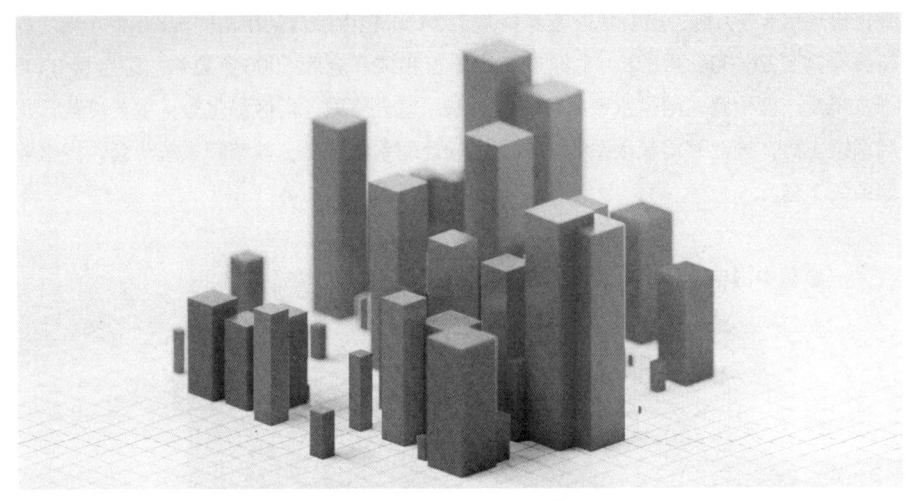

机构组建

机构组建新闻素材来源一般为企业内部成立机构的文件、揭牌仪式、成立会议、工商部门注册通知以及内部机构完成组建、机构设备投入使用等具体情况。新闻体裁一般为消息,新闻撰写组织方式通常为新闻通稿、召开新闻发布会。

从中央建筑企业项目管理机构组建情况来看,常见的机构组建新闻大致有区域公司、分(子)公司、项目公司、总承包部、项目分部及企业内部机构组建等。从新闻撰写组织方式来区分,企业组建区域公司、分(子)公司、项目公司可以发新闻通稿或召开新闻发布会;组建总承包部、项目分部或者企业内部成立(投入使用)的科研机构、重大项目(课题)筹备组、试验室、各类信息化管理系统投入使用等情况发布新闻通稿即可。

和中标新闻一样,机构组建新闻是一个单位、一个机构正式开展工作前的前置新闻稿件,新闻的对外发布就是对外说,我要开始干活儿了、我能干什么类型的活儿、我有什么能力、我有什么资源、我能干成什么样子等,为单位、机构开展后续工作相关报道打下伏笔。报道的侧重点一般为展现和突出企业实力方面的内容。

机构组建新闻引语中一般包含时间、地点、企业名称、事件、结果等要素，主体主要对机构组建目的、背景、基本情况、职能、工作开展方式予以简要介绍等，结尾包含组建过程及未来展望。新闻主体内容在机构成立前基层对上级单位的请示文件中应该都可以找到。

如"中国电建环境公司在杭州正式注册成立"一稿为中央建筑企业子企业成立分（子）公司的典型稿件。分（子）公司成立一般有上级单位下达批复文件和法人公司完成工商注册两种情况，按照企业新闻反复、重复报道的原则，在两种情况下都可以开展相关新闻宣传工作。

"杭州大江东项目试验室通过验收并投入使用""重庆渝湘复线高速公路项目'五位一体'安全监管系统全面投入运行"两稿则是企业内部机构设立、系统投入使用的新闻稿件。此类新闻稿件通过宣传基层单位工作流程、业务工作规范等，达到宣传基层单位管理规范、工作有序的目的。这也是下属单位对上级单位（对外）汇报，展示工作业绩、工作成绩的常见宣传方法之一。

在项目机构组建新闻中，如重要领导出席揭牌或成立会议并发表对企业（社会）具有广泛指导意义的要求或讲话时，应结合企业宣传需要，从领导重要活动的角度撰写新闻，类似稿件会在后续会议类新闻撰写中另行讲解。

附——

中国电建环境公司在杭州正式注册成立

2016年5月5日,由公司控股的中国电建集团环境工程有限公司正式在杭州市拱墅区注册成立,标志着公司环境工程业务步入新的发展阶段。

中国电建集团环境工程有限公司是经中国电建集团批准,由中电建路桥集团有限公司、华东勘测设计研究院有限公司、重庆电力建设总公司共同出资组建的环保产业功能性平台公司,注册资本金3亿元人民币,未来将致力于成为集规划设计、投融资、施工、运营维护于一体的全产业链环保产业集团。

2016年3月,在中国电建环境公司发起人会议召开之后,环境工程公司筹备组便进驻杭州市,就公司落户等相关事项与杭州市拱墅区政府开展了多轮谈判,最终双方就税收优惠、人才扶持、企业发展、项目合作等一系列事项达成一致意见并促成公司正式落户杭州市拱墅区。下一步,中国电建环境公司将紧密围绕中电建路桥集团有限公司发展战略,坚持做好各项工作,努力将环境公司打造成为公司业务发展的新增长极!

(原载中电建路桥集团有限公司网 2016年5月6日)

附——

> 杭州大江东项目试验室通过验收并投入使用

日前,杭州大江东产业集聚区规划国土建设局质量监督站根据试验室资质认证准则,对电建路桥公司杭州大江东基础设施项目试验室的资质授权情况、人员专业水平、试验检测设备、试验室环境条件及内部管理情况等进行逐项评审检查。经评审考核,杭州大江东基础设施项目实验室顺利通过验收并投入使用。

杭州大江东基础设施项目试验室于2016年3月初筹建,5月中旬进入试验检测仪器设备调试阶段。试验室建筑面积900平方米,拥有各种试验仪器165台(套)、人员配置14人,其中试验工程师3人、试验员6人、试验工5人,配备准养护室、集料室、土工室、水泥室、水泥砼室、力学室、沥青室、沥青混合料室、外检室、磨耗室、化学室、留样室、资料室等,设置及配置满足项目施工、检测和科研需要。

路桥公司在实施大型基础设施项目过程中,高度重视科学技术的研发和应用,当前已经形成了以勘察设计院、工程设计院为主导,各项目实验室为基础单位的全方位科技创新平台,积极探索科技成果转化和技术孵化模式,分别结合项目当地实际,充分发挥自身科学技术实力,以最优、最合适的工程技术服务各地基础设施项目建设,推动科研成果快速转化为生产力,助推当地科学、绿色发展。

(原载中国电建网2016年6月16日)

附——

重庆渝湘复线高速公路项目"五位一体"安全监管系统全面投入运行

为保障项目安全，风险全面可防、可控，日前，电建路桥重庆渝湘复线高速公路项目积极践行安全"科技化、亲情化、体验化、服务化、标准化"管理理念，有效夯实项目安全管理基础，全面提升安全管理水平，搭建的"五位一体"全方位安全监护管理系统全面投入运行。

在安全科技化方面，项目遵循"系统谋划、科技先行、精心组织、绿色施工"的管理理念，大力推广"四新"技术运用，积极应用成套高墩大跨连续刚构施工技术、隧道智能监控预警系统、智慧工地定位系统、智能安全帽一键求救系统、自行式定型钢模台车等先进技术设备，以科技化引领安全生产。在安全亲情化方面，项目认真贯彻"6S"管理和坚持"以人为本"管理理念，着力打造温馨的工作及生活环境和亲情化的人文关怀，从普通的职工宿舍到标准化的产业工人生活园区，从"厕所革命"到"暖心浴室"，以亲情化助推安全生产。在安全体验化方面，项目建设了涵盖VR体验、安全帽撞击、高空坠落、安全用电、应急知识等内容的智慧安全教育体验馆，通过系统的学习和身临其境的体验，达到了从"要我安全"到"我要安全"观念的转变，有效提升了工人自我保护和规避风险的安全意识，以体验化服务安全生产。在安全服务化方面，项目坚持"持续服务、技能提升、品质渝湘"的理念，开办产业工人"夜校"，设置心理解压室和安全积分超市，从理论知识到专业技能提升，从心理解压到维权保障，全方位为产业工人提供品质服务，并通过"促学习、提技能、识风险、除隐患"活动赢取积分兑现奖品，有效调动了全体参建人员工作和学习的积极性，营造了全员管安全的良好氛围，以服务化保障安全生产。在安全标准化方面，项目按照重庆市及中国电建标准化建设要求，高标准建设驻地、钢筋智慧工厂和砼智慧工厂等大型临时设施，降低了施工安全风险，提升了施工效率和品质，以标准化建设确保安全生产。

渝湘复线高速公路项目是重庆交通建设三年行动计划项目之一，项目总里程285公里左右，投资646亿元，是国内目前最多央（国）企参与建设的项目，全线包括7

个总承包单位及 22 个施工标段。电建路桥公司代表中国电建与中交、中铁、中建、中冶等多家大型建筑企业同台竞技。当前，电建路桥公司标段项目已进入全面施工阶段，标段内控制性工程"两桥两隧两互通"施工正稳步推进。

（原载中国电建网 2021 年 5 月 13 日）

施工方案评估、评审

施工方案评估、评审新闻素材来源一般为评估、评审会议或政府相关部门的批复。新闻体裁一般为消息，新闻撰写组织方式通常为新闻通稿、邀请媒体报道等。

施工方案评估、评审是建筑企业工程建设前或某项工程方案改动前必不可少的一项内容。方案评估、评审工作一般均有企业外人员、第三方专家参与，是建筑企业开展对外宣传的突破口之一，也是建筑企业展示自身科研能力、技术实力、成果转化能力、施工组织能力等的时机之一。

施工方案评估、评审新闻一般有两个写作方向：一是借用国家级、行业级大师或专家的出席或评价发言，形成企业新闻撰写的新闻点。例如，"25位行业专家为某某项目建设把关诊脉""某某专家提出：某某企业（工程）开创了某某方面的先河（成就）"。二是深入理解方案或对比前后方案变动事项，从列举施工举措、对比方案变动的角度来撰写企业新闻。例如，"38项举措为某某项目建设保驾护航"。

在施工方案评估、评审新闻撰写前，可有针对性地开展宣传工作策划与部署，安排企业内部专门从事宣传的人员或邀请外部媒体人员参与会议并做好现场采访，发挥好宣传工作人员挖掘新闻点的能力，通过对专业人员的现场采访，开展好施工方案评估、评审新闻的撰写工作。

在施工方案评估、评审新闻撰写中，引语部分一般只对方案评估、评审总体活动内容进行概括性描述，并作为引入主体的过渡部分。主体部分则依据时间新闻点挖掘情况，有侧重地描述企业相关方面工作的实力。结尾部分一般为企业文化、自我肯定、工程进展等宣传方面的内容。

施工方案评估、评审新闻撰写常见的错误是将新闻写成会议或者活动类新闻，原则上说，此类新闻应坚持"事大于人"的原则，宣传重点放在突出企业工程建设方面的创新成果与成绩上。

如"渝西水资源配置工程水保方案通过水利部审查"一稿，是典型的从企业基层单位角度撰写的施工方案评估、评审类稿件，稿件主体和结尾以排比句式列举企业建设措施和平实阐述企业理念的写作方式，是新闻稿件撰写最常见的记述方式。

"江习高速公路项目成功通过'赤道原则'评估"一稿中，引语部分的"赤道原则"为银行系统内的专业术语，根据企业新闻写作要求，文末对该术语做了诠释。企业新闻稿件，对于专业性强、阅读拗口的专业术语应予以诠释或注解，相应诠释或注解文字可以放在引语前或文末。

"武汉排水项目施工方案全部通过评审"一稿以区域最后一个项目施工方案评审工作为切入点，对区域所有施工方案评审工作进行了重复性的汇总式报道，这种对前面已经完成的工作进行重复、反复报道的方式，有助于加深读者印象，提升企业新闻宣传效果。

"扬州611省道项目公道河大桥通过海事通航安全评估"一稿对"海事通航安全"这类大众不常见的评估类型的宣传，是建筑企业对自身工作全面性的一种自我认定，开展类似宣传不仅对企业内部管理人员全面考虑工作具有指导意义，也有利于宣传企业工程建设管理工作的周密性和完整性。

附——

渝西水资源配置工程水保方案通过水利部审查

2021年4月27日，电建路桥公司投建的重庆渝西水资源配置工程水土保持方案通过水利部审查，为项目下一步加快推进工程建设和科学防治水土流失奠定了坚实基础。

工程前期建设开始以来，渝西项目参建人员高度重视水土保持工作，成立水土保持工作领导小组，制定印发《工程施工期水土保持实施办法》，制定水土保持措施方案，通过现场配备和使用泥水分离器、设置沉淀池等措施，避免泥浆外流；在弃渣过程中，开挖临时排水渠，对渣顶进行整治复耕，确保弃渣场水土流失得到全面防治；工程建设过程中通过在开挖边坡裸土撒播草籽，道路两侧开挖排水沟、栽种行道树，使防治区水土流失得到有效控制，植被覆盖率明显提高，涵养了水源，减轻了地表冲刷，促进了流域内生态系统的良性循环。

记者从项目总承包部了解到，当前项目总承包部及各分部在严格落实水土保持方案要求的同时，各级参建人员还本着"因地制宜，适地适树"的原则，采用点、线、面相结合的立体绿化方式，力争让渝西水资源配置工程与现有自然景观、人文景观、湿地有机衔接，相互衬托，赋予文化创意、展现地域特色，突出生态和谐的特点，让渝西人民更好地与水为伴，感受水的韵味、秀美和风情。

（原载中国电建网2021年5月7日）

附——

江习高速公路项目成功通过"赤道原则"评估

7月25—27日，受兴业银行重庆市分行委托，普华永道商务咨询（上海）有限公司北京分公司对电建路桥公司重庆江习高速公路项目开展为期3天的"赤道原则"评估。

评估组在江习投资公司对江习高速公路全线环境及建设情况进行详细了解，并就社会风险管理方面进行专题收集取证，获取相关资料。随后赴江津区国土局对项目征地拆迁相关资料、文件和推进情况一一核实，对项目短短3个月时间取得的征地拆迁成绩极为赞叹。

其间，兴业银行重庆市分行与评估组到工地现场详细勘察项目建设情况、周边环境，重点对沿线自然保护区、湿地生态园、弃渣场等方面做了专业评估。经过实地勘察和了解后，评估组对项目的管理和建设高度认可，对央企实力赞不绝口。

江习高速公路项目成功通过"赤道原则"认定，标志着电建路桥公司在融入国际先进模式，注重生态环境、社会风险管理等方面，走在了同行的前列。

注："赤道原则"于2003年6月制定，参与制定的银行有花旗集团、荷兰银行、巴克莱银行与西德意志银行（WestLB AG）等。它们采用世界银行的环境保护标准与国际金融公司的社会责任方针，形成了这套原则。根据2009年10月的资料，有67家财务金融机构采用了这个原则，因此它形成了一个实务上的准则，协助银行及投资者了解应该如何加入世界上主要的发展计划，开展融资工作。

（原载中国电建网2015年7月30日）

附——

武汉排水项目施工方案全部通过评审

5月31日，由电建路桥公司牵头、集团相关子企业参与建设的武汉港西、琴断口项目深基坑专项方案和琴断口项目顶管方案顺利通过武汉市建设科技委轨道交通与市政工程施工专业委员会组织的专家评审。截至目前，中国电建武汉排水项目已开工的6个项目，施工方案全部完成了专家评审，各施工方案的评审不仅为后期施工提供了技术指导，更从技术方面为即将进行的施工细化了要求，有效降低了安全风险和质量风险。

在此次评审会上，来自武汉市建委、自来水有限公司市政工程设计研究院、项目监理单位的专家听取了港西项目与琴断口项目的方案介绍，在对方案质询、讨论后，专家们结合实际对方案提出修改意见，并认定两个项目的施工方案内容基本齐全，施工组织安排及施工工艺合理，方案基本可行，经修改完善并报监理及建设单位审核后，可以按方案要求组织施工。

路桥公司参与武汉排水项目建设以来，依托自身城市水环境治理先进技术及经验，结合项目实际先后制定并下发了技术管理办法、专项方案编制管理办法、变更管理办法，强化科学技术的管理和应用，在项目建设全周期重视和强化技术管理，确保项目实体建设的顺利开展，为武汉城市水环境治理发挥应有的作用。

（原载中国电建网2016年6月2日）

附——

扬州 611 省道项目公道河大桥通过海事通航安全评估

2016 年 8 月 16 日，扬州市海事局对扬州 611 省道项目公道河大桥海事通航安全工作等进行逐项评审检查，经评审考核，公道引水河二号桥等顺利通过海事通航安全评估。

公道河大桥是 611 省道邗江段工程的重点控制性工程之一，桥梁全长 419.2 米，共分三段。其中，公道引水河二号桥是全桥的主体工程，桥梁上部结构采用装配式预应力砼连续箱梁施工，横跨公道河，为本次海事通航安全评审的重点工程。

在评审会上，专家组对公道引水河二号桥施工方案，特别是对桥梁涉水工程安全性、过往船舶通行碍航性等进行分析、评审，对施工重难点、安全保障措施等方面进行重点论证。专家组一致认为公道引水河二号桥海事通航安全符合国家海事通航安全评估办法要求。

公道引水河二号桥顺利通过海事通航安全评估，为 611 省道项目公道河大桥后续施工提供了有力保障，也为下一步项目大干快上奠定了坚实基础。

（原载中电建路桥集团有限公司网 2016 年 8 月 17 日）

投融资

投融资新闻素材来源一般为签约（会议）仪式、机构公告、银行或机构批复、合作单位等。新闻体裁一般为消息，新闻撰写组织方式通常为新闻通稿、邀请媒体报道。

建筑企业投融资类新闻消息来源单位众多，一般来说均涉及基层单位的上级单位甚至企业总部，具体承办的基层单位或部门应加强与上级单位、金融机构及合作单位的沟通，以第一时间掌握新闻素材，确保新闻的时效性。

建筑企业投融资新闻撰写一般有以下几个方向：一是以金融工作为切入点，侧重宣传工程推进进度，展示企业履约能力；二是侧重宣传企业在金融融资方面的能力，展示企业融资能力；三是侧重宣传企业金融方面管理组织能力，宣传企业规范化管理的能力。

投融资新闻引语一般为事件基本新闻要素与成果，主体部分可以介绍项目建设基本内容、投融资方面内容、模式特点和优点等。结尾部分可以介绍项目进度或进行企业实力方面的宣传。

在投融资新闻撰写中，稿件内容中的数字与数字单位是最为核心的内容，一定要加强稿件中数字与数字单位的审核。如数字小数点位置的不同、亿元与万元的区别，一点之差或一字之差都会使稿件整体内容"差之毫厘，谬以千里"，造成新闻报道重大失误。

"电建路桥晋红项目获中信银行 53 亿元贷款批复""汉中水系项目成功签约银团贷款协议""电建路桥公司章丘 PPP 项目资产证券化成功发行"等几篇稿件分别是建筑企业在银行审批、协议签订、发行证券等几种常见情况下的投融资新闻稿件。

附——

电建路桥晋红项目获中信银行 53 亿元贷款批复

4 月 24 日，电建路桥公司晋红高速公路项目继中国工商银行批准 25 亿元建设开发贷款之后，又获 53 亿元中信银行贷款支持，目前项目建设资金已基本得到保证。

晋红高速公路是构建昆玉旅游文化产业经济带的重要通道，是中国电建集团和云南省政府框架协议下的第一个工程项目，也是云南省首个大型 PPP 项目，项目概算总投资达 86.49 亿元。

项目开工以来，在全体参建人员的努力下，项目推进速度在云南省十五条重点高速公路中名列前茅。4 月 16 日，项目主要控制性节点光山 3 号隧道左幅隧道贯通；4 月 20 日，蔡官营双连拱隧道贯通。目前项目各项建设进入高峰期。

（原载中国电建网 2015 年 4 月 28 日）

附——

汉中水系项目成功签约银团贷款协议

4月25日,电建路桥公司投资建设的汉中兴汉新区水系项目在西安成功签约银团贷款协议,汉中市政府、中国建设银行、交通银行、电建财务公司等单位相关领导见证了协议的签订。

汉中兴汉水系项目位于汉中市兴汉新区内,项目建设内容包括13公里水系治理、兴元湖、汉源湖建设,以及周边的市政道路、园林景观等项目,总投资40.88亿元,其中项目基础设施部分11.83亿元由政府通过专融资金解决,剩余水系部分29.5亿元由此次银团贷款资金解决,额度为22.5亿元。

汉中水系项目银团贷款协议的成功签约,为项目顺利投资建设提供了坚强的资金保障。下一步,项目公司将在汉中市委、市政府创造的良好投资环境中,在中国建设银行、交通银行、电建财务公司的资金支持下,在项目公司各股东单位的帮助指导下,进一步优化施工资源配置,优质高效完成项目投资建设,实现项目政企银合作共赢。

(原载中国电建网2019年4月30日)

附——

电建路桥公司章丘 PPP 项目资产证券化成功发行

2021 年 2 月 5 日，由电建路桥公司作为原始权益人的"中信证券—中电建路桥集团章丘 PPP 项目资产支持专项计划"在上海证券交易所成功发行，发行规模 11.71 亿元。项目增信主体为电建股份公司，由电建基金公司作为财务顾问，中信证券、华泰证券、中信建投证券、申万宏源证券作为承销商共同助力项目发行。本项目是盘活 PPP 模式长期资产的一次成功实践，为企业向"轻资产"转型、释放增量发展空间提供了有效路径。

本次项目资产证券化发行意义重大，一是盘活存量资产，提高资产流动性。目前，PPP 项目普遍存在"体量大、周期长"的特点，本次资产证券化产品的发行实现了项目投资的提前回收及退出，有利于未来收益的提前变现；通过发行本产品有助于改善资产流动性，提高资金的周转率，释放增量发展空间，亦有利于后续业务的拓展。二是压降带息负债，降低资产负债率。实现 11.71 亿元资产出表，募集资金可用于归还银行贷款，降低了资产负债率。三是拓宽融资渠道，助力电建路桥公司"二次创业"。本项目通过在交易所公开发行，进一步丰富资本市场融资渠道，进一步践行"二次创业"部署提出的"以资本为保障"的管理理念，为助力电建路桥公司可持续健康发展提供有力保障。

本项目通过电建路桥公司及各合作机构的携手努力，在对资产的严格筛选以及与业主方、监管方和投资机构的充分沟通下，项目实现圆满发行。未来，电建路桥公司将在电建股份公司的大力支持与帮助下，保持主业快速发展的同时，持续优化资产结构，为后续高质量发展打下坚实基础。

（原载中国电建网 2021 年 2 月 8 日）

施工准备

施工准备新闻素材来源一般为企业会议、基层单位对上级总结汇报的材料、政府相关管理部门批复的文件和基层单位工作实际进展情况等。新闻体裁可以为消息或通讯,新闻撰写组织方式通常为新闻通稿。

施工准备一般是指建筑企业中标之后,工程部分开工或全面开工之前的时间段,也可以是开展某项工作后,完成这项工作之前。因这个时间段,工程建设一般没有开始实质性的工程建设或处于准备阶段,新闻素材少,但为了保持企业宣传的连续性,根据企业宣传工作需要开展相应宣传。

在消息类施工准备新闻撰写中,常见的问题:一是新闻点被忽视,没有开展相应报道工作,造成单位宣传工作连续性不足;二是容易将新闻稿件写成公文类的汇报材料或会议类新闻。撰写时应尽量从会议材料或汇报材料中提取与工程建设相关的内容进行加工,展现基层单位工作积极、主动的正面形象。

如"邹城项目公司激发'外合力'积极推进项目建设"一稿原标题为"邹城项目召开项目推进会",在编辑过程中,笔者对原标题进行了调整,并结合标题对原稿文字内容进行了整理,剔除了偏重会议报道的相关内容。刊发稿件内容上虽然与会议新闻差别不大,但稿件标题的改动把新闻的侧重点放在了"项目公司积极推进项目建设"这个主题上。这种将会议新闻调整为工作进展类报道的做法,是建筑企业基层单位对上级报道本级会议新闻的常见方式。

施工准备通讯的撰写可以从一个新闻点或一段时间以来的工作开始,通讯稿件表述及撰写方式较为灵活,基层单位可以根据自身实际需要撰写。对比消息类新闻,通讯类新闻稿撰写对作者写作能力要求稍高,但通讯稿件写作方式的灵活性决定了其影响力远远大于消息。对基层单位来说,在重要工作完成或发生新闻报道价值事件时,可以采用"消息+通讯"的复合方式展开相关宣传,既写消息又写通讯,以强化宣传效果。

如"晋红高速试水征地拆迁新模式"即抓住"村民入股、征迁提速、村民实现长期收益"这个新闻点，对村民入股事件开展全面报道。这个新闻点虽然也可以用消息的方式报道，但受限于消息的写作方式和字数，采用通讯报道的方式使得内容更为详细，表现方式也更为灵活。这种以通讯报道消息的方式是主流媒体常用的写作方式之一，采用这种方式撰写企业新闻有两个明显优势：一是容易为主流媒体采用；二是此类稿件更容易宣传项目管理人员和企业理念。

如"'每年8%的保底收益，农民们满意，这次的征地拆迁工作也进行得很顺利。'晋红高速项目公司人员介绍""晋红投资公司负责征地拆迁工作的王刚介绍，土地作价入股，是在解决建设用地方面，把土地作折股作为股权收入，以股权分红或固定回报形式给予被征迁土地的农民补偿的一种方式"等涉及人物说话的段落都是通讯稿件不可分割的部分，在需要表现本企业相关领导、员工或者相关内容方面时，结合新闻整体需要，可以灵活调整企业的相关内容，用于宣传企业、宣传企业人物等。

附——

邹城项目公司激发"外合力"积极推进项目建设

5月30日，受邹城项目公司的邀请，邹城市政府方代表圣城旅游文化开发有限责任公司一行莅临邹城项目公司，双方就邹西产煤塌陷区综合治理项目工作推动中存在的相关问题进行深入沟通和探讨，并达成共识。

会谈中，双方对如何解决项目推进中存在的实际问题进行了讨论，就推进项目建设工作达成一致意见与具体措施，就完善双方通畅的联动机制进行了安排。通过会谈，双方一致认为，双方在后续项目建设推进过程中，要通过有效的联动和沟通，利用和发挥好双方及多方优势资源，形成项目建设推进的合力，切实加强邹西产煤塌陷区综合治理项目各项任务建设，为邹城市经济发展作出更大的贡献。

据悉，此次会谈就部分项目建设推进工作达成了具体实施意见，据双方已明确的分工内容进展情况，部分子项目有望近期实现开工建设。

（原载中电建路桥集团有限公司网 2018 年 6 月 5 日）

附——

晋红高速试水征地拆迁新模式

签下《土地作价入股协议》，云南省玉溪市红塔区大营街镇甸苴村成为晋红高速公路的股东。用村民老夏的话说，他们开始"细水长流地享受着土地的分红"。

作为云南省第一个 PPP 模式下的高速公路项目，昆明晋宁至玉溪红塔区高速公路（以下简称晋红高速）在征地拆迁中，一改过去征地补偿款一次性兑付给村组集体和农民的常规做法，采用"征收土地补偿费作价入股"的方式，引导被征地的农村集体积极参股。

"每年 8% 的保底收益，农民们满意，这次的征地拆迁工作也进行得很顺利。"晋红高速项目公司人员介绍，不到半个月的时间，3400 亩土地征收工作已完成计划征地的 90%。

创新的土地作价入股方式，在晋红高速建设、农民征地补偿上探索出一条双赢路径。

156 户村民入股高速项目

晋红高速是云南首条 PPP 模式建设的高速公路。2013 年 8 月，云南玉溪市政府通过招商引资，引进中电建路桥集团有限公司组建玉溪市晋红高速公路投资发展有限公司（以下简称晋红投资公司）负责投资建设。项目全长约 50 公里，投资约 85 亿元。

晋红投资公司负责征地拆迁工作的王刚介绍，土地作价入股，是在解决建设用地方面，把土地作折股作为股权收入，以股权分红或固定回报形式给予被征迁土地的农民补偿的一种方式。

"将集体和农民的土地折价后计算股份，每年领取持股收益，农民成了股东，细水长流地享受土地的分红。"王刚介绍着土地作价入股的流程。他介绍，在晋红高速项目中，被征用土地集体和承包经营者以土地作价入股，享有每年按中国人民银行5年期以上贷款基准利率的固定收益，最低不低于年利率8%的保底收益，由地方财政担保，费用由项目业主支付，被征地者不承担任何入股公司的经营风险；当持股满5年后，被征地者的股本还可选择由项目业主公司按原价回购。

土地作价入股的方式，获得云南省各级政府的大力支持。据悉，早在2013年云南省综合交通基础设施建设攻坚会上，时任省长的李纪恒就提出，要积极推进土地作价入股方式，解决交通基础设施建设用地。而玉溪市人民政府下发的《关于积极采用被征用土地作价入股确保被征地农民生计有保障的通知》，为晋红高速征地拆迁方式的创新提供了依据。

据悉，晋红高速红塔区段需征收用地3400亩，共涉及156户村民，征地补偿费约3亿元，需支付股息共计4876万元。目前，156户村民全部入股。

北京市律师事务所律师王勋介绍，以往"一次性"的补偿方式让很多农民"一夜暴富"。不少农民拿着补偿款却不知道如何理财，出现补偿款挥霍后生活难以为继的情况。在征地拆迁补偿中，各地都在探索新的方式。晋红高速土地作价入股的做法就是创新之一。高速公路用地通过征收、补偿的流程，征求村民集体民意，以一定份额投入高速公路建设、运营中，农民以此获得长期收入来源。

长期收益让农民安心

甸苴村村民老夏对土地入股作价后的收入算了一遍又一遍,对今后每年能分得的收益,他笑呵呵地表示"挺满意"。

"家里0.82亩土地被作为公路建设用地征用后,按照水田补贴标准,可以拿到13.28万元征地补偿款。"老夏介绍,这部分土地补偿款通过作价入股方式,他每年至少可以拿到10627元的分红。"当了一辈子农民,我开始有年薪了。"老夏打趣地说。

据悉,在晋红高速征地拆迁新变革中,作价入股的土地3075.13亩,涉及5个街道、19个社区居委会、97个村民小组。依照5年期计算,将为农户带来1.2亿元的收益。

在与甸苴村一样涉及土地征迁的常里村,土地作价入股成为村里讨论最热的话题。村民陈大叔说,拿土地入股是头一回听说,反复对比,大家还是认为比一次性补偿好。"最害怕的是土地没了,补偿款也花完了,生活就没法过了。现在好了,有政府作担保,土地作价入股让我们农民的收益有了长期的保障。"

玉溪市国土资源局红塔区分局征地办主任董文祥表示,土地作价入股,是征地模式上的创新,实际上也是融资模式的创新。在晋红高速建设中,通过这种方式,项目建设公司既缓解了融资的压力,又保证了项目建设的进度。同时,征地拆迁的集体或者农民也得到了股本分红,较好地保障了被征地者利益,在征地拆迁的同时又不失生活的保障。从这个意义上讲,晋红高速投资公司和农民都是受益者,并且农民是长期受益者。

(原载中国电建网2015年9月10日)

会议（培训、企业领导活动）

会议（培训、企业领导活动）新闻（以下简称会议新闻）素材来源一般为企业自行组织的会议、参与其他单位的会议两种。新闻体裁一般为消息，新闻撰写组织方式通常为新闻通稿、邀请媒体报道。

会议新闻撰写一般有两个方向：一是以报道重要领导对企业或社会具有指导性、要求性的讲话为主；二是以报道会议取得的成果为主。

会议新闻是基层单位最容易被退稿的一类新闻，主要原因是在报送上级单位的新闻稿件中包含以本单位会议内容（领导人员讲话、本单位要求）指导上级单位或平级单位工作的情况。原则上基层单位自行组织的会议类新闻应以报道会议成果为主要内容。

会议新闻架构一般较为固定。新闻标题一般有两种：一是直接以会议名称为标题，如"电建路桥公司召开 2022 年年中工作会议"；二是包含领导姓名的会议类新闻标题。人民网此类新闻较多，初学者可参照学习。

会议新闻引语一般为会议的基本情况（含时间、地点、召开方式、会议背景或目的、参加单位、参加人员等）。主体部分一般包含领导对企业有重要指导意义的讲话，内容较多，可以分多段列举；商务活动新闻除对方领导级别较高的情况外，原则上应先写我方领导内容。主体部分一般对会议（活动）相关重要议程予以简述，商务活动中一般先介绍我方观点，后介绍对方领导观点。结尾一般为参加人员、会议成果、会议或活动背景等相关内容的简要介绍。

如"电建路桥公司召开 2022 年年中工作会议"即直接以会议名称为标题的稿件，此类新闻也可用"电建路桥公司在京召开 2022 年年中工作会议"命题，纳入地理位置等信息；引语分别对会议时间、单位、内容、目的、议程、出席人、会议组织等相关内容进行了简述；主体则分别就领导讲话主要内容进行了综合性的描述，并在领导讲话内容后就会议重要议程予以简述；结尾部分则补充介绍了相关参加人员。

在政府重要领导视察企业的报道中,企业应尽量安排宣传工作人员跟随报道,如不能掌握第一手的新闻素材,应与官方主流媒体口径一致。

在会议新闻撰写时,要加强新闻稿文字核对工作,特别是领导姓名、职务等信息。在校对中,撰写者可以向会议组织人员核对领导姓名和职务,还可以通过企业外参会单位的官方发布平台或地方主流媒体平台等多方查证,确保参会领导姓名、职务无误。

以报道会议成果为主要内容的新闻一般用于各类推广、评价、评比类的会议中,撰写时可以根据新闻发布的平台不同,从具有普及推广意义的新闻点角度撰写会议与培训新闻,有条件的还可以邀请媒体参与相关报道工作,以提高企业新闻的对外传播范围。

如"国内首例:UHPC 组合梁在公司投资建设的中开高速公路首次进入实际应用"一稿中讲述的虽然是大型观摩会、参会专家、领导众多,但从会议取得的成果来看,该成果对行业、企业均具有较强的指导意义,从突出会议成果的角度来撰写新闻稿件会更符合企业利益。从该稿中可以看出,第一段和第二段已经完整表述了全部新闻内容,按常规消息新闻来说,后两段已经属于可有可无的内容,但根据企业新闻将专业术语口语化的写作原则,稿件第三段不仅对"UHPC 组合梁"这个建筑专业术语进行了全方位的诠释,还采用"缺陷(孔隙与微裂缝)""低渗透性(超长耐久性)"这种括注的方式对部分专业词语进行了诠释,以符合普通读者阅读习惯;结尾段落借用专家话语,将企业宣传方面的内容有机融入了新闻中,从而实现了宣传企业的目的。

附——

电建路桥公司召开 2022 年年中工作会议

7 月 29 日,电建路桥公司召开 2022 年年中工作会议,全面贯彻党中央关于高效做好统筹疫情防控和经济社会发展工作决策部署,深入落实中央企业负责人研讨班精神,按照电建集团年中工作会议的各项要求,总结上半年工作,安排部署下半年重点工作任务。公司党委书记、董事长周孝武出席并讲话，党委副书记、总经理周铁军主持会议，公司领导班子成员参加会议。

周孝武指出，今年以来，公司深度聚焦于公司"十四五"发展战略，紧紧围绕"调结构、促改革、强管理、转作风，全力开创高质量发展新局面"这一年度工作主题，开启了全面转型升级的新征程，努力推动公司从单一路径发展转向打造"六商路桥"，从依赖投资单核驱动转向"投建营"均衡发力，从大干快上求增长转向提质增效谋发展，路桥公司逐步转向更加成熟理性的发展阶段。

周孝武表示，上半年面对复杂的经济环境和严峻疫情形势，公司上下凝心聚力、攻坚克难，疫情防控和生产经营工作统筹推进。业务领域"投"的布局稳步调整，"建"的节奏增强把控，"营"的能力持续提升，"融"的成本有效降低，"投资—建设—运营"主价值链不断夯实。采取切实举措，加快推进资产盘活、催收催欠、亏损治理等重点工作，机构改革高效完成，技术保障持续强化，风险防控不断升级，党的建设持续加强，疫情防控常抓不懈。公司上下为上半年稳增长提质效任务付出艰辛努力，成绩值得充分肯定。

周孝武强调，要做好下半年党建和生产经营工作，一是要坚持调结构不动摇，坚决贯彻落实"现汇放首位、投资要优质、小股要能退"的总体要求，推动市场营销提质升级。二是要坚持提质效不动摇，更加迫切加快欠款回收和资产处置，全面铲除沉疴顽疾，重点突破历史积弊，充分挖掘释放发展潜力。三是要坚持促改革不动摇，做好机构改革后半篇文章，健全配套措施，实现机构改革的形神兼备，推动改革成效最大化。四是要坚持强管理不动摇，提升市场竞争力要从锻长板、补短板，促进价值链融合上下功夫，聚焦于产业链高附加值环节精准发力，真正实现"投资建设一体化和EPC工程总承包"双轮驱动，业务组合快速跨越发展。五是要坚持防风险不动摇，把维护稳定当成今年最重要的政治任务，在意识形态、农民工工资发放、工程安全质量、疫情防控、法治路桥建设方面常抓不懈，确保万无一失。六是要坚持抓党建不动摇，把政治建设摆在首位，把迎接、学习、宣传、贯彻党的二十大精神作为贯穿全年的重大政治任务，加强党的全面领导，推进党建工作再上新台阶。

周铁军就贯彻落实会议精神提出三点要求。一是坚持"效"字为要，落实生产经营责任。各单位、各部门要咬定全年目标不放松，牢固树立效率意识，对照年初制定的各项目标找到差距、补足短板、强化弱项，想方设法克服困难，以高度的紧迫感和责任感，全力以赴完成集团交给我们的任务。二是坚持"稳"字当头，切实维护稳定大局。各单位要以高度的政治自觉和责任担当抓好维稳工作，严防安全质量风险，紧盯重大风险源，靠前指挥，严格管理。加强廉政监督、审计监督、财务监察，认真落实国安、保密、信访、矛盾隐患排查化解工作要求。加强常态化疫情防控，以稳定向好的发展态势迎接党的二十大胜利召开。三是坚持"干"在实处，瞄准目标狠抓落实。各单位要拿出具体举措、具体方案来保障会议精神落实落地。下半年要瞄准现汇项目、优质投资项目和压舱石级的重大项目，加大力度开拓增量，紧盯回款、资产处置、亏损治理等重点难点，落实责任，抓出成效。要抓住安全、质量、合规、疫情防控中的风险点强化管控，筑牢防线；要把握党建、财务资金、项目管理、工程信息技术等支撑点，建强管理体系，创新工作思路，通过有力措施抓出实绩实效。

会上，周孝武、周铁军与领导班子成员签订年度经营管理目标责任书，与二级单位负责人签订年度经营业绩责任书。

公司中层以上干部、二级单位领导班子和部门负责人以"现场+视频"方式参加会议。

（原载中电建路桥集团有限公司网 2022 年 8 月 8 日）

附——

国内首例：UHPC 组合梁在公司投资建设的中开高速公路首次进入实际应用

5月15日，广东省公路学会在中国电建所属电建路桥公司投资建设的中开高速召开 UHPC 组合梁技术交流暨足尺破坏试验观摩会，会议隆重推介了公司中开高速率先在国内高速公路项目应用无腹筋 U 形 UHPC 组合梁的技术经验，组织观摩了足尺 U 形 UHPC 组合梁破坏性试验。中国电建总工程师宗敦峰出席会议并致辞，广东省公路学会、广东省交通运输厅及全国各地交通系统主管单位、工程建设行业企业、院校科研机构等单位 150 余位领导、专家、知名学者共同参加这一盛会。

观摩交流中，公司及相关合作单位专家介绍了中开高速公路应用的 UHPC 组合梁相关技术设计、试验报告和施工工艺。与会嘉宾围绕中开高速公路应用的 UHPC 组合梁应用技术展开交流，并前往研发生产基地观摩了中开高速项目应用的 U 形 UHPC 组合梁足尺破坏试验。这是国内首次进行足尺 U 形 UHPC 组合梁破坏性试验，也是国内首次将 30 米无腹筋 U 形 UHPC 组合梁应用于高速公路桥梁领域，对国内 UHPC 技术应用发展具有里程碑意义。

据了解，UHPC（Ultra-High Performance Concrete）即超高性能混凝土，是一种高强度、高韧性、低孔隙率的超高强水泥基材料，其原理是通过提高组分的细度与活性，不使用粗骨料，使材料内部的缺陷（孔隙与微裂缝）减到最少，以获得超高强度与高耐久性。以 UHPC 技术浇筑的箱梁在具超高强度、超高韧性、低渗透性（超长耐久性）和高体积稳定性的同时，较普通混凝土梁的重量减少 40% 左右，能够实现快速运输和吊装，有效降低桥梁综合造价，运输和装配低成本优势显著，同时还能够减少建筑物和构件的维护返修，在建筑物的全生命周期更能实现绿色和节能的长久目标。

据行业专家考证，UHPC 超高性能混凝土目前已在国际上进行推广，国内使用该项技术尚处于发展阶段，中开高速公路无腹筋 U 形 UHPC 组合梁在工程实体的应用，在高速公路建设领域具有首创性，在业内具有突出引领作用。该技术的成功应用，充分展现了中国电建路桥在新材料、新工艺创新方面"产、研、用"一体化的科技优势，彰显了"中国电建路桥"在基础设施建设领域的科技创新实力。

（原载中国电建网 2021 年 5 月 27 日）

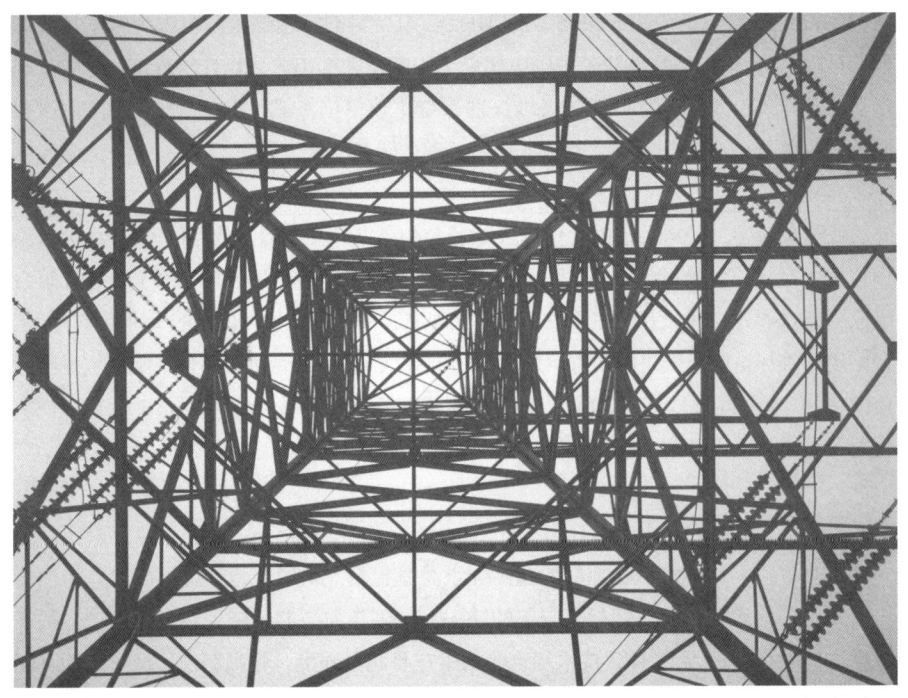

开工建设（新闻通稿）

开工建设新闻是建筑企业重大新闻之一，也是企业开展对外宣传的重要内容，素材来源一般为企业内部。新闻体裁一般为消息，新闻发布方式可根据企业实际情况选择召开新闻发布会、发布新闻通稿、邀请媒体报道等。

从当前新闻舆论环境来看，开工建设新闻采取企业为主、媒体参与的撰写方式最为合理。基层单位在开工建设前可统筹策划新闻报道工作，必要时也可以申请上级单位、业主单位、设计参建单位甚至工程所在地政府相关管理部门的支持与协助，通过与专业媒体人员的沟通协调，最大限度地获取企业内外媒体资源，通过开工系列宣传活动总结确立项目后续宣传重点，为做好企业宣传工作打下基础。

企业新闻通稿一般有消息和通讯两类，对开工建设新闻来说，企业对外部媒体发布的新闻通稿以消息为主。新闻通稿与企业内部刊发的新闻稿在撰写中有以下三点不同：一是针对受众不同，读者关注点不同。二是写作手法与表现方式不同，企业新闻用于内部宣传时，能采用较为直白的宣传方式，比如在结尾部分直接加上企业宣传的相关内容，对外发布的新闻通稿则需要将企业宣传内容与新闻主体内容有机结合。三是新闻通稿较企业内部报道新闻稿写作要求高、难度大（主要表现在文字精练与准确方面，对作者文字水平要求较高），基层单位开工建设新闻一般撰写为单位初建期，普遍存在宣传力量不足的情况，鉴于此种情况，可申请上级或外部媒体援助。

企业对外新闻通稿撰写有以下 3 个原则：一是以事为主，即以真实事件为新闻主要内容，突出企业新闻"内容为王"的特质，树立企业新闻的权威性，打牢企业宣传平台存在的价值基础。二是要有文字、理念及内容等方面的创新，即要对新闻事件的特质、特点、内容、意义等方面进行分析，确定新闻事件的传播价值点，并通过新闻文字实现企业新闻的传播价值。三是符合新闻传播的公开性原则，即新闻通稿要符合公众利益、体现传播平台的立场和观点、符合受众的审美和社会的评判标准。

如"中国电建投资建设重庆江津至贵州习水高速公路开工"这篇新闻通稿引语如下：

"6 月 12 日，中国电建旗下所属子公司中电建路桥集团有限公司独立投资建设的重庆江津至贵州习水高速公路（重庆段）在重庆市江津区正式开工。"

引语中如下几处与企业媒体平台刊发新闻有所区别："中国电建旗下所属子公司"一句中，在企业内部新闻中一般用"公司所属……""集团所属……"方式表达，随意性较强，对外新闻通稿则一般用企业名称或品牌名称；"中电建路桥集团有限公司"为企业全称，企业内部平台刊发新闻中用到企业全称的地方极少，对外新闻通稿则应尽量使用企业官方名称；"独立投资建设的"，此处形容词的使用使外部媒体采用原引语时很难删除企业名称，有助于企业实现对外宣传的目的。

该稿结尾段落的撰写与企业内部开发新闻也有所区别。该稿结尾为典型的"总+分"结构，段落第一句话"建设江习高速是加快建设'畅通重庆'的需要，是中国电建全新 EPC+BOT 投资模式在西南省市首开先河"，是全段的总结并顺利达到企业宣传的目的。此后文字则是对"畅通重庆"进行的诠释。同时，"畅通重庆"该词不仅是一个精练出的总结语，也是实现企业宣传需要组织的一个新名词，这种提法在其他媒体上是没有出现过的。

此外，此稿在文字精练程度方面较企业日常刊发的新闻稿件高出很多，新闻稿件全文不到 400 字，甚至达到删减字数即会变动新闻内容的程度，这种做法不仅符合新闻撰写"文字简练、准确"的要求，也是企业新闻在新闻通稿撰写中以稿件质量强化"企业主导"作用的常见做法。

又如人民网河南站发布的"河南省首个 ppp 项目 107 辅道快速化工程开工建设"与《河南日报》发布的"全省首个 PPP 市政工程项目开建"报道的均为一件事，但从两篇新闻的文字字数和内容比较可以看出，报纸因排版需要将原稿的 600 字压缩到了 300 字左右，相关企业宣传方面内容也仅在结尾一处得以体现。由此可以看出，一篇新闻的文字要求与表达内容，在不同传播媒体中可以是多样化的，而企业新闻如何撰写并在不同媒体上得以发布，其写作方式、要求要根据实际情况去选择和调整。

附——

中国电建投资建设重庆江津至贵州习水高速公路开工

6 月 12 日，中国电建旗下所属子公司中电建路桥集团有限公司独立投资建设的重庆江津至贵州习水高速公路（重庆段）在重庆市江津区正式开工。

江习高速公路是重庆市与贵州之间的第二条高速公路，是重庆"三环十二射七联线"

高速路网中重要的省际通道，也是重庆市第四轮新千公里高速公路建设的首个项目。项目起于江津至四川合江高速刁家互通以北 3 公里处，在柏林镇东胜村与贵州段相接。总长 112 公里，其中，重庆段约 71.5 公里。

建设江习高速是加快建设"畅通重庆"的需要，中国电建全新 EPC+BOT 投资模式在西南省市首开先河。江习高速建成后，由重庆主城经过江习高速进入贵州，再经广西抵达湛江，将成为重庆最短的一条陆上出海大通道，并将缓解兰海高速、京昆高速的交通压力。江习高速还是一条旅游黄金通道，其建成后，将同时把江津四面山、贵州三岔河、四川佛宝连接成串，形成川渝黔"旅游金三角"。

（原载国务院国资委网 2014 年 6 月 13 日）

附——

河南省首个 PPP 项目 107 辅道快速化工程开工建设

2 月 25 日，107 辅道快速化工程 PPP 项目开工仪式在 107 辅道快速化工程第一项目部举行，标志着河南省首个 PPP 项目正式开工建设。

107 辅道快速化工程是郑州市区大"环形＋井字"交通快速路网中最东的一环，承担着郑州东部城区对外交通快速疏散、缓解市区交通拥堵压力、改善提升居民出行环境的重要功能的作用。

107 辅道快速化工程规划为南北向城市快速通道，北起北四环，南至南四环，全长约 20 公里，全线采用"高架＋隧道"的形式，高架主线和地面均为双向 8 车道。工程总投资约 118 亿元（含工程、运营服务等费用），主要工程建设内容包括桥梁、隧道、地面道路、电气照明、雨污水管线工程，工程预计 2017 年 8 月底完工。

107 辅道快速化工程采用"社会资本投资、建设和运营维护，政府购买"的 PPP 模式实施，是郑州市也是河南省首个以 PPP 模式运作的大型基础设施建设项目，将对今后郑州市及河南省引入社会资本参与城市基础设施等公益性事业投资建设和运营管理，具有十分重要的示范作用以及指导和借鉴意义。

该工程由郑州城建集团投资有限公司和中电建路桥集团有限公司与浦发银行北京分行组成的联合体合作建设。中电建路桥集团有限公司承担施工总承包任务，合作期 14 年，其中项目建设期 2 年，运营维护期 12 年。

河南省财政厅、建设厅，郑州市政府、建委、发展改革委、财政局等市直单位，以及中国电建、中电建路桥集团有限公司、郑州市城建集团投资有限公司、浦发银行北京分行等相关领导参加开工仪式。

（原载人民网 2016 年 2 月 25 日）

附——

全省首个 PPP 市政工程项目开建

2 月 25 日，全省首个 PPP 市政工程项目——郑州市国道 107 辅道快速化工程开工建设，建成后将更名并承担起郑州市东四环路的功能。

国道 107 辅道快速化工程是郑州市"环形＋井字"交通快速路网中最东的一环，规划为南北向城市快速通道，北起北四环，南至南四环，全长约 20 公里，全线采用"高架＋隧道"的形式，高架主线和地面均为双向 8 车道。工程总投资约 118 亿元，主要建设内容包括桥梁、隧道、地面道路、电气照明、雨污水管线工程及 6 座互通式立交和 18 条匝道，预计 2017 年 8 月底完工。

作为全省首个 PPP 市政工程项目，郑州市国道 107 辅道快速化工程由郑州城建集团投资有限公司和中电建路桥集团有限公司与浦发银行北京分行组成的联合体共同建设，建成后将对促进郑州东部城区对外交通快速疏散，缓解市区交通拥堵压力，改善提升居民出行环境具有重要作用。

（原载《河南日报》2016 年 2 月 26 日）

首件工程

　　首件工程素材来源一般为项目公司、项目总承包部、项目（分）部或项目相关科研机构。新闻体裁一般为消息，新闻撰写组织方式可以根据企业实际情况选择召开新闻发布会、发布新闻通稿、邀请媒体报道等。

　　建筑企业首件工程涉及路基、涵洞、桥梁、隧道、路面、防护、排水、交通、房建、机电、环保等众多类型工程，在各个类型工程的施工中，对工程整体建设具有示范、引领意义的首件工程、施工工艺都可以以"首件工程"形式开展新闻报道工作。

　　工程"首件制"是建筑企业控制工程施工质量，预防质量通病，消除重大质量事故和质量隐患的常用措施，工程的开展、验收、经验推广涉及地方政府、业主和相关参建单位，建设单位可以根据工程影响区域和参与单位，邀请相关单位或外部媒体开展联合宣传或提供新闻通稿，以扩大传播效果。

首件工程新闻撰写的目的是强化建筑企业新闻工作的连续性，首件工程建设一般处于项目建设前期或工程建设上一工序即将结束之时，此时工程建设一般无重大节点，报道内容匮乏，做好首件工程的新闻报道工作，有助于提升基层单位新闻上稿数量。

首件工程新闻撰写一般有以下3个方向：一是侧重标准化建设、规范化管理等，通过首件工程的宣传，推介企业工程建设管理水平；二是侧重工程建设科技成果转化应用，推介企业在科技成果转化应用方面的水平和成绩；三是侧重工程建设进展，这类报道稿件一般可纳入预计实现节点目标时间的相关内容，如预计完工、通车时间等，侧重工程建设进展的首件工程新闻一般是主流媒体重点关注的内容，企业可根据实际情况联合主流媒体开展相关报道工作。在实际工作中，可根据企业宣传需要与工程建设实际情况综合分析，确定企业需要的宣传内容，拟定稿件撰写侧重点。

如"连接新会、江海！会港大道左幅道路预计12月初可通车！"一稿则是外部媒体常采用的首件工程新闻撰写方式，此种撰写方式以当前开展的工作为切入点，对较长时间后的工程节点进行前置报道，报道重点侧重在"通车时间"上。

在企业内部的首件工程报道中，预期性的报道一般较少采用。如"'首件制'现身江习高速'第一梁'成功预制"一稿则属于推介企业工程建设管理水平的稿件，新闻在报道首件工程的同时将"首件工程"提升至制度、规章层面，实现了新闻点高度的提升；"科技领跑 多项创新应用道路建设——电建路桥公司多项科技创新应用于青岛中德生态园项目9号线OGFC道路工程"一稿则是以通讯方式深度报道企业科技成果转化应用方面首件工程的新闻稿件，相较于消息稿件，通讯的报道内容更为丰富、完整；"莱荣铁路项目拉开隧道建设序幕"则是侧重报道工程建设进展方面的稿件，稿件通过"首次爆破成功"的新闻点，对企业施工组织情况进行了报道。

附——

> 连接新会、江海！会港大道左幅道路预计12月初可通车！

昨日，记者从中电建路桥集团会港大道项目部了解到，该项目正在快速推进施工，目前左幅路面正在进行沥青摊铺；预计12月初，左幅道路可实现正常通车。

目前，正在"穿新衣"的是雄乡村桥至英南村桥路段。据介绍，沥青摊铺需要铺设三层，由于需要冷却降温等，摊铺一层约需要一天时间。"此前完成的水泥稳定基层施工，主要是提高道路的承重能力，而沥青则是提高驾驶舒适度。"现场相关负责人介绍，沥青道路具有让车辆行驶更加安全、降低行驶噪声等优点。

目前，会港大道工程建设稳步推进，桥梁工程和全线软基处理均已完成，其余各附属工程正在加紧进行。

相关资料

会港大道工程呈东西走向，横跨江海与新会两区，采用一级公路标准，双向八车道，主线设计时速为80公里，全长约7.12公里，起点接礼睦路（辅路与礼睦路平交），在礼东以南1公里处下穿江珠高速，路线继续向西上跨东海路改线，跨越江门河（睦洲水道），与胜利南路相交，再向西跨越江门水道、广珠铁路，与江门大道相交，终点对接东甲立交。

会港大道作为江门市重点在建工程之一，建成后将与南山路、江门大道共同构成一条贯通江海区（高新区）和新会区，连接起珠西综合交通枢纽江门站、高新区公共码头、广中江高速等重大交通基础设施的快速干线公路，加速区域交通一体化进程，让沿线百姓出行更加便捷，沿线企业更好地对外联通，以交通效率提升城市发展效益。

（原载《江门发布》2022年11月11日）

附——

"首件制"现身江习高速 "第一梁"成功预制

3月14日,伴随着施工设备欢快的轰鸣声,中国电建集团江习高速公路项目具有重大节点意义的2-1#梁厂开始了全线70.458公里第一片30米预制T梁的生产浇筑。15日凌晨,历经3.5小时,第一片长度30米、重约80吨的T梁正式预制完成,成为江习高速全线"第一梁"。它的成功浇筑,标志着"首件制"工程在江习高速全线正式拉开序幕,也为顺利实现江习高速提前贯通奠定坚实基础。

在江习项目建设过程中,中国电建建设者们克服了地域季节性雨季干扰的不利因素,管理层精心组织、科学管理、强化安全、严控质量,以标准化要求为导向,执行指导策略,执行层严格落实、层层把关,从人员、材料、设备和施工工艺方法等方面充分准备,基础工作管理事无巨细,最终确保全线"第一梁"的成功预制。

首梁的成功预制,为江习项目春季"百日大会战"劳动竞赛画上浓重一笔,极大地鼓舞了全体员工的士气,充分调动了广大参建者的生产积极性,为后续项目建设的"比、学、赶、帮、超"树立了榜样。同时,也是江习项目继"大湾隧道首个贯通""2-1#梁厂首个通过标准化验收"以来取得的第三个阶段性胜利。它将继续鼓舞江习全线参建职工,为打造"中国电建""中国电建路桥"良好品牌形象而不懈奋斗。

(原载中国电建网2016年3月18日)

附——

> 科技领跑 多项创新应用道路建设——电建路桥公司多项科技创新应用于青岛中德生态园项目9号线OGFC道路工程

"给我一张白纸，你的任何一个想法都会变成现实，我们是中国电建路桥。"古人云，水兴城，择水而居，倚水而生。电建人，择城而栖，践行承诺，铸造"明日之城"。

2020年，我国城市20%以上建成区要自然存储70%的降雨；2030年，全国城市80%以上建成区要达到这一指标……《国务院办公厅关于推进海绵城市建设的指导意见》公布，给出了海绵城市建设"时间表"。

5年目标，15年目标，择城而居。作为建设者，我们应该遵循自然，在不远的明日，为我们及我们的孩子铸造一个人与自然和谐相处的"明日之城"。

以人为本，概念先行

中国电建青岛中德生态园项目作为中德两国政府建设的首个可持续发展示范合作项目，意在倡导低碳环保的生态园区，促进产业转型，引领绿色生活，打造宜居园区，展现持续发展的活力。

青岛中德生态园9号线，就是基于这样的理念应运而生的。

9号线西起生态园38号线，东至生态园环6号路，道路全长约241米，道路等级为城市支路，规划道路红线宽度18米。本工程主要通过路面排水系统及绿篱内雨水收集系统对雨水进行收集利用、涵养地下水，并且在南北侧绿篱内设置渗透集水井及透水管，北侧设置储水模块。道路路面采用细粒式开级配沥青混凝土（OGFC-13）排水降噪路面，道路路缘石采用部分下沉式路缘石，便于车行道雨水流入绿篱。此外，自行车道及人行道均采用透水结构层。

青岛中德生态园9号线虽然工程量较小，但材料规格特殊，工序较多，工艺复杂。作为山东省首条海绵城市试验道路，不仅是本区域内海绵城市概念推广及实施的领跑者，更是对中德生态园引领绿色生活理念的践行，和对"以水定城"战略思路的积极探索！

天道合一，科技领跑

古人讲究天人合一、道法自然，建设海绵城市，注重自然渗透，这不仅是对传统理念的继承和发扬，也是城市文明的重要标志之一，自然、生态、绿色的基础设施更需要科技领跑。

中德生态园9号线作为山东省首条海绵城市试验道路，是对海绵城市运用的首次探索，更是对新技术的首次尝试与运用。

生态园9号线首个创新点是山东省首条雨水收集系统运用道路。生态园9号线通过在南北侧绿篱内设置渗透集水井及透水管，北侧设置储水模块，对雨水进行收集，并利用储水模块进行蓄水，在保证水质的同时，起到了节能减排、绿色环保的作用。

道路路面采用细粒式开级配沥青混凝土，以达到排水降噪的效果，这是生态园9号线道路的第二个创新点。它最大的特点就是集料有较大的空隙率，能够在一定程度上降低路面噪声，在雨天能使路面雨水迅速下渗并沿下封层表面横（纵）坡流到边沟排除，从而具有消除路面积水，减少行车水雾，消除夜间车灯的眩光，提高行车安全性等众多优点。

自行车车道与人行道采用透水结构层是又一创新之作，并且生态园检查井周边采用与人行道同材质的混凝土，检查井周边表面为露骨料水洗面，不仅具有防滑、透水、美观及固定检查井盖的作用，更是与人行道透水砖融为一体。

迎难而上，敢于亮剑

2015年3月，生态园9号线正式开工。开工之初，便由于设计变更，导致施工搁置。直至2016年3月7日，9号线重新施工。9号线虽然工程量小，但材料规格特殊，工序工艺复杂，新工艺多为首次承建，毫无经验可借鉴，但是中电建路桥人敢于迎难而上，面对困难，毫不退缩，敢于亮剑。

储水模块安装是最先遇到的困难。在储水模块安装过程中，必须保证沟槽底部平整。但是在沟槽开挖过程中，因储水模块安装及检查井安装需要，沟槽开挖高程难以控制，开挖高度不统一，并且在开挖过程中，必须保证与市政管网高度一致。

为了保证沟槽开挖符合设计要求，建设团队采取分段开挖方式，总承包部要求测量人员紧盯现场，严格控制沟槽开挖高程，为后续施工工序开展奠定了良好的基础。

储水模块安装完成后，又将面临新难题。模块周围需铺设宽10厘米粗砂保护层，并按照层高30厘米进行分层夯实，同时在夯实过程中，需要与沟槽回填同时进行。但在施工过程中，操作程序复杂，模块周围沙子难以铺设。对此，总承包部召开技术研讨会，为了满足设计要求，在施工过程中，在每一个储水模块安装后，在周边设置木板，然后进行填筑和夯实，这样不仅加快了施工进度，而且保证了施工效果。

在无砂透水管安装步骤也同样存在难题。在无砂透水管安装过程中，要求对无砂透水管进行360度碎石包管及土工布包裹。按照设计要求，生态园9号线道路无砂透水管安装长度不一，同时，无砂透水管必须充分考虑人行道南侧的景观小品进行安装，因此对施工造成了极大的困扰。针对这一问题，建设团队集思广益，采用分层回填方式，在进行碎石保管的同时进行土工布的铺设，效果良好。

自行车道采用珍珠岩露骨料透水混凝土。面层为露骨料混凝土，表面需进行冲洗，在露骨料施工过程中，对混凝土强度要求比较高，对表面冲洗时间控制极为严格，对施工人员而言，无疑又是一个不小的挑战。

保质保优，速战速决

尽管面对困难与挑战，生态园9号线的建设依然稳步推进，保质保量完成建设任务。今年3月4日，生态园9号线沟槽开挖。3月7日，开始生态园9号线储水模块、透水管安装。3月11日，生态园9号线储水模块、透水管安装完成。3月13日，生态园9号线进行沟槽回填，比预计工期提前完成。

4月25日，生态园9号线进行下面层摊铺。6月21日，生态园9号线上面层摊铺如期完成。"速战速决，保质保量"，这是路桥人对当地政府的承诺，更是路桥人对社会的承诺。

中德生态园9号线在施工过程中始终坚持质量标准化、安全文明施工。从制度标准化、流程标准化、施工标准化全方位切入，建立健全质量安全标准化组织机构，完善各项规章制度，制定质量安全标准化考核机制及标准化内部验收流程，全面增强职工质量安全标准化意识。进一步强化质量安全标准化施工，全面落实质量安全标准化管理责任，真正践行了"绿色施工"的理念。

先进科技应用引来国家级调研组现场观摩

7月6日，由5名院士、多名专家组成的城市洪涝防治调研组一行来到中电建路桥集团青岛中德生态园9号线项目现场，就目前公司在山东省率先实施的海绵城市排水降噪沥青路面（OGFC路面）科技应用实践情况进行现场调研。调研组对中电建路桥集团率先在山东省将当前先进的科研成果应用于实践的做法和成绩表示肯定。在综合调研完成后，调研组就OGFC路面在实践中的实施提出中肯详尽的建议，同时指出，OGFC路面对当前国家海绵城市建设具有减少水雾眩光、降低噪声、防水漂、提高潮湿路面抗滑性等多种综合优点,希望中电建路桥集团科研及施工单位不断完善该技术在实际应用中的施工管理,形成完备的施工、维护方案,为当前海绵城市建设、抑制城市内涝发挥更大的作用。

中国工程院院士、南京水利科学研究院院长张建云,中国工程院院士、河海大学副校长、教授王超,中国工程院院士、深圳市规划和国土资源委员会副主任郭仁忠,中国工程院院士、中国水利水电科学研究院副院长胡春宏,瑞典皇家工程院院士、同济大学副校长、教授吴志强,南京水利科学研究院副所长王银堂,中国工程院二局局长高中琪,中国工程院土木、水利与建筑工程学部办公室主任邢慧娴,南京水利科学研究院博士、教授级高工贺瑞敏,南京水利科学研究院博士、高工胡庆芳,同济大学博士姬凌云、姚雪艳、马春庆等众多国家级专家及学者参与了此次观摩调研活动。

中德生态园9号线,是路桥人在生态园这张白纸上描绘的最美图画,也是路桥人铸造"明日之城"的第一步。以水兴城,择水而居,倚水而生。路桥人选择这个有海的城市栖息,自然会将那一个个美好的愿望帮你实现,在不远的明日,为我们及我们的孩子铸造一个人与自然和谐相处的"明日之城"。

(原载《半岛都市报》2016年9月6日)

附——

莱荣铁路项目拉开隧道建设序幕

4月22日上午,公司承建莱荣铁路项目谭山隧道进口明洞施工首次爆破成功,拉开了项目隧道建设的序幕。

莱荣铁路项目谭山隧道位于山东省莱阳市,是本标段4座隧道之一,全长508米,横贯剥蚀丘陵区,地势起伏大,属于双线隧道,设计行车速度为350公里/小时。隧道最大埋深约 27 米，安全风险高，施工难度较大。

为确保爆破施工顺利进行，项目部多次召开爆破专题会，对爆破技术方案、现场施工组织等工作进行周密部署，逐项落实爆破设计、钻孔、验收、装药、填塞、连线、起爆等各项工作，并邀请专业爆破公司指导防护预演。项目部严格遵守工前试验、工中检查、工后检验的试验工作制度，严把质量关，真正做到"抓安全"与"保质量"同步落实。

（原载中国电建网 2021 年 4 月 25 日）

阶段进展

　　阶段进展素材来源一般为基层单位工程实际进展情况、半年或年度工作总结材料、阶段性总结材料等。新闻体裁一般为消息，新闻撰写组织方式通常为新闻通稿、专项宣传活动。

　　阶段进展新闻撰写一般有两种情况。一种是结合工程进展情况的新闻撰写，人为地将工程建设按长度、面积、个数等便于展开宣传的计量单位加以分类，分别撰写新闻。例如，"某某隧道掘进突破1000米大关""某某项目桥梁工程全部建设完成""某某项目房建工程全部完成"等。另一种是根据总结材料撰写的阶段进展新闻。一般来说，总结材料中的数字、百分比等内容均可成为阶段进展新闻撰写的切入点，即在列举工程建设进展情况的基础上，对项目展开描述。例如，"某某项目完成近半河道治理工程"。

　　阶段进展新闻撰写的主要难点在于对新闻点的挖掘，新闻宣传力量薄弱的单位可适当借助外部媒体的力量，如邀请上级、外部媒体开展深入采访等。

　　比如"郑州陇海路BT项目主线箱梁全部贯通"一文按工程类型进行了细化，为箱梁工程建设人为加上了"主线"和"箱梁"两个分类限制词，从而提升了新闻稿件的整体高度。

　　"集团郑州项目全年投资任务提前超额完成"一文则从相关总结材料中提取出101.9%这个数字，并以此为切入点，展开了相关宣传。在第二段中，文字以"排比＋对比"的方式提出了企业面临的困难，并以反问形式突出了问题的困难程度；在第二、第三段中，文字以列举反差性的事实对企业员工行为进行了阐述，并单独另起一个段落进行了总结；在第四段中，文章分别列举了企业年度取得的系列成绩，与第二段中提出的困难形成对比，并回应了第二段的问题。此类"提出问题＋解决问题＋展示成绩"的写作方式是企业新闻撰写中应用较多的宣传手法，在企业品牌宣传、企业文化宣传中较为常见。

附——

> 郑州陇海路 BT 项目主线箱梁全部贯通

11 月 27 日下午 5 点 55 分，中电建路桥集团郑州市陇海路快速通道工程常庄水库顶推段最后一联混凝土箱梁的浇筑完成，标志着郑州陇海路项目主线箱梁全部贯通，为下一步实现全段通车目标打下坚实基础。

陇海路快速通道工程是郑州市快速交通系统的重要组成部分，是郑州市穿越中心城区、贯通东西向的一条快速通道。工程西起西四环以西，东至京港澳高速以东，全长约 28.3 公里。

自 2013 年 10 月开工以来，中电建路桥集团郑州项目严密组织、科学管控，克服拆迁难度大、地下管线复杂、保通措施要求高等困难，加大人力资源和物资设备的投入，结合项目施工进度，合理调配人力、物力资源，积极开展劳动竞赛，严格奖惩考核，在保证安全和质量的前提下加快施工进度。在施工高峰期生产工人数量达到 15000 人，最高月完成建安投资 8.5 亿元。全体建设者顽强拼搏，无私奉献，以"勇于担当、勇于挑战、勇于奉献"的精神，以"五加二""白加黑"的干劲，快速有力地将工程向前推进，创下了"郑州速度"。负责工程实施的水电三局、水电五局、水电十一局面对工期紧、任务重、环境影响大等形势挑战，精心组织，主动出击，做好征地拆迁、管网迁改等工作，广大参建员工充分发扬"敢于挑战、敢于担当、敢于奉献"的"三环"精神，战严寒、斗酷暑，日夜连班，全力推进工程进度，按期完成主线箱梁浇筑任务。

在超赶施工进度的同时，陇海路项目注重安全文明施工，坚持施工不忘安全，生产不忘环保，抢工不忘保通，受到了郑州市民的广泛好评。在工程建设中，不断进行科技创新，加大对新技术、新设备的运用力度。在常庄水库段的施工中，针对地质复杂、大型设备投入难的困难因素，采用了波形钢腹板顶推施工技术，成为国内首创、顶推最长的"亚洲第一推"。

截至目前，陇海路工程已全面进入桥面系施工，工人路以西沥青摊铺已完成，其他标段防撞墙、沥青摊铺、匝道等施工正顺利向前推进；陇海路工程大学路以西有望于年内实现通车目标；大学路以东，针对冬季天气的影响，项目部正积极改进施工方法，预采用的"冬季温拌沥青混凝土铺装施工"新技术已经通过专家论证，即将进行全面铺装，确保早日实现全线通车。

（原载中国电建网 2014 年 11 月 28 日）

附——

集团郑州项目全年投资任务提前超额完成

截至 2014 年 11 月底，中电建路桥集团郑州项目年度完成产值 54.33 亿元，占全年总投资计划的 101.9%，郑州项目以出色的业绩向郑州人民交出了一份满意的答卷。

2014 年，郑州项目年度产值任务为 53.32 亿元，是 2013 年投资任务的 2 倍；三环工程、陇海路工程、中州大道南北延工程 3 个项目同时施工，施工总里程长达 50 多公里；同等规模的高架桥工程河南省其他工程建设单位正常完成时间要 3～4 年，而郑州市政府留给三环工程、陇海路工程、中州大道南北延工程的工期时间都仅为 18 个月；同时，郑州市政府要求在"五一"前三环工程必须实现全线通车、2014 年年底前陇海路主线桥要实现贯通。在如此短的工期内如何实现预期工程建设目标？如何实现 50 多公里的工程施工安全无事故？如何实现工程质量合格无纰漏？一系列难题摆在组建不到 3 年的中电建路桥集团郑州项目公司面前。

面对压力，郑州项目公司、总承包部及各施工项目部全体参建人员选择迎难而上、奋起拼搏。三环路工程第五工程处测量队队长汪升录白天带着队员进行现场测量，晚上整理测量资料，工作起来不分白天黑夜；第六工程处安保部部长郑延斌凌晨两点回到宿舍，翻看了一下通话记录，一天内因工作打出了 104 个电话；陇海路 7 标工区副主任赵龙海与妻子刚在老家举办完婚礼，次日就坐上回工地的长途车；陇海路 8 标年轻女质检师王国芳，在历次箱梁浇筑的现场，始终能见到她的身影，从开始到完成浇筑，最长连续工作达 36 小时；新分配的"90 后"大学生熊小波不小心被钉子扎了脚，他在治疗后两天，就又悄悄地跑到工地上班。

类似事例在郑州项目沿线比比皆是，电建路桥人"爱岗敬业、吃苦耐劳、无私奉献、顾全大局、自强不息"的精神在项目参建人员身上展露无遗。

辛勤付出终有回报。2014 年 3 月，中州大道南延段主线桥现浇梁全部浇筑完成；4 月，郑州市三环路快速化工程项目在 2014 年度全国建筑钢结构行业大会上荣获"中国钢结构金奖"；4 月底，郑州市三环路顺利实现预期全线通车目标；5 月，郑州市三环路快速化工程 BT 项目西三环工程（黎明路—淮河路）荣获"郑州市安全文明标准化工地"称号；9 月，郑州市三环路快速化工程北三环工程（南阳路—中州大道）荣获"郑州市安全文明标准化工地"称号；11 月，陇海路项目关键节点性工程常庄干渠高架桥波形钢腹板 PC 组合梁顶推顺利完成，创国内桥梁以波形钢腹板顶推技术施工的多个第一，吸引了国内众多知名桥梁专家前来观摩；11 月底，中州大道南北延工程主体基本完工，陇海路项目主线箱梁实现全部贯通，同时郑州项目也提前一个月超额完成全年投资任务。

取得成绩的同时，郑州项目参建人员没有自满，中电建路桥集团郑州项目公司董事长张锋表示，郑州项目全体参建人员正继续发扬"三环"精神，全力推进陇海路工程建设，为早日实现郑州交通的畅通而奋力拼搏，为建设郑州市政府满意、郑州市人民放心的精品工程不懈奋斗。

（原载中国电建网 2014 年 12 月 11 日）

控制性工程

控制性工程素材来源一般为项目公司、总承包部、项目分部、专业分包单位，其新闻体裁可采取消息、通讯、图片新闻等多种方式，还可根据实际组织其他方式的宣传，如开展诗歌、征文、摄影等文化层面的活动。控制性工程新闻撰写的组织方式一般有新闻通稿、组织专项宣传活动、邀请媒体报道等。

对建筑企业来说，控制性工程是工程中施工量最大、科学技术要求最高、施工工艺最复杂、施工组织要求最高的子项目，是对整个工程的建设进程影响最大的项目。可以说控制性工程的宣传报道，直接影响着建设单位的形象。

受限于建筑企业基层单位宣传人员精力、新闻专业素质等实际情况，基层单位在实施控制性工程类宣传的策略时可考虑"事无巨细，抓小放大"的方法。"事无巨细"即将本单位宣传人员的主要精力放在对非重要节点外的工程建设进展报道上，及时跟踪工程推进情况并适时发布工作进展新闻，使控制性工程宣传具备连续性；"抓小放大"即根据控制性工程进展情况，在工程取得重大进展或实现重大节点时邀请上级单位、参与单位的宣传力量开展联合宣传，对所在地区有较大影响的工程还可以邀请地方主流媒体记者开展现场采访等活动，借用上级、参与单位、媒体的力量对控制性工程建设中的大事进行宣传。

控制性工程新闻在基础新闻稿件撰写的基础上，可以结合具体工程类型、工程建设特点、工程建设实际，提炼形成该工程特有的宣传亮点，并将之贯穿工程建设宣传的全周期，最终成为该工程朗朗上口、简单易记、众所周知的形象（文字）符号，从而提升宣传效果。

如"重庆江习项目笋溪河特大桥施工便道开工"一稿中，"笋溪河特大桥桥长1578米，主桥为重力锚式钢桁架悬索桥，主跨660米，索塔高约200米，桥面距河谷高约280米，施工难度非常之大"。这一段以列举数据的方式提出工程建设难度，为后续建设单位圆满解决问题埋下了伏笔。此稿中"便道开工"事件虽然很小，但从内容中可以看出三层想要表达的意思：一是企业主动作为推进工程建设；二是联合其他企业和当地政府等多家单位统筹推进，工程建设单位很重视、组织很周密；三是以多项数据突出工程建设困难，为后续宣传埋下伏笔。

在后续报道中，"未来重庆第一高桥超10万吨桥梁锚碇浇筑完成"一稿在保持控制性工程宣传连续性的同时，重复了该大桥最早报道建设新闻的描述内容，通过日常宣传与核实工作，最终形成"重庆第一高桥"这个总结性的表述，以6个字提出了大桥最重要的特点，为后续大桥建设宣传提供了素材与形象符号。

如"为隧道'清肺'——渝广项目瓦斯抽排技术应用效果显著"一稿，对工程特点进行了如下描述和总结："隧址区内存在高瓦斯、断层破碎带、岩溶区、岩爆段、涌水、突泥、突出危险性煤层及新旧采空区等复杂地质问题，被勘查及设计单位称为'地质病害博物馆'，施工难度高、安全风险大，是渝广高速公路项目关键控制性工程，也是全国排名第二长的在建双座6车道高瓦斯隧道。"在此段中 "地质病害博物馆"这个词语也属于控制性工程的形象符号，使用形象符号的做法在控制性工程新闻撰写中易给读者留下深刻印象，强化宣传效果。

此外，该稿引语中"隧道采用了'高负压瓦斯集中抽排'施工技术，通过瓦斯抽放泵产生的负压进行抽放，就像是打针之前先要把针管里吸满药液一样，不同的是抽出来的是瓦斯气体，技术的应用为隧道施工排除了安全隐患，应用效果显著"与文章标题中"为隧道'清肺'"形成呼应，这种将普通读者难以理解的工程技术与大众熟知方法相比较的写作方式，是建筑企业新闻中对专业术语诠释的一种做法，相较于以往专门注解的做法，此种写作方式更贴近读者，是主流媒体新闻稿件撰写的常见做法。

控制性工程新闻的宣传报道工作，仅靠消息类新闻的宣传不足以展现工程建设全部细节，基层单位还可以结合实际情况，以撰写通讯或组织专项活动等方式，对控制性工程建设细节进行全方位的对外宣传。

如"晋红高速公路：最美高速公路首入滇中"一稿是图片新闻。图片新闻相较消息类新闻稿件，一般以内容丰富的图片为主，配以简要文字予以说明。

附——

重庆江习项目笋溪河特大桥施工便道开工

2014年9月2日,由中电建路桥集团投资建设的重庆江习BOT+EPC高速公路项目关键控制性工程——笋溪河特大桥施工便道开始修建。柏林镇地方党政领导、项目公司、总承包部一起见证了施工便道开工仪式。

笋溪河特大桥地处重庆市江津区柏林镇,为江习高速公路关键控制性工程,是一座典型的超高墩、大跨度、特长山区高速公路桥梁。笋溪河特大桥桥长1578米,主桥为重力锚式钢桁架悬索桥,主跨660米,索塔高约200米,桥面距河谷高约280米,施工难度非常之大。

在困难面前,项目公司、总承包部不等不靠,积极主动,多番与地方沟通协调,快速推进,按施工计划顺利启动了桥梁便道修建工程,为下一步的桥梁施工打下了坚实基础。

(原载中电建路桥集团有限公司网2014年9月5日)

附——

未来重庆第一高桥超 10 万吨桥梁锚碇浇筑完成

10 月 18 日，自集团江习高速公路项目施工现场传来好消息，江习高速公路项目关键控制性工程——笋溪河特大桥两岸长宽高均超 40 米、单体重量超过 10 万吨的两个锚碇全部完成浇筑，大桥建设顺利实现节点目标。

笋溪河特大桥是典型的超高墩、大跨度、特长山区高速公路桥梁。大桥全长 1578 米，主桥为重力锚式钢桁架悬索桥，主跨 660 米，索塔高约 200 米，桥面距河谷高约 280 米，建成后将成为重庆境内新的"第一高桥"。

笋溪河特大桥两岸锚碇均采用嵌岩重力式锚碇，锚座基础利用中风化岩层作为基础持力层。其中江津岸锚碇长 60.7 米，宽 43 米，高 40 米，混凝土方量 5.6 万立方米；习水岸锚碇长 54 米，宽 43 米，基坑开挖深度 42 米，混凝土浇筑方量 5.1 万立方米。为使这个"庞然大物"内外温差控制在 20℃以内，建设者们创新工艺，通过铺设冷却钢管、落实降温措施，严格把控了锚碇混凝土浇筑质量。

笋溪河特大桥两岸锚碇自开始浇筑以来，中国电建广大建设者们以顽强的毅力头顶烈日"斗酷暑"，肩披雨衣"战雨天"，经过 9 个多月的持续奋战，10.7 万立方米混凝土如期浇筑完成。这一节点目标的实现，是江习高速"决战 2016 年"百日冲刺劳动竞赛开展首月取得的一个决定性胜利，极大地鼓舞了参建员工的士气，为全面完成笋溪河特大桥施工任务，顺利实现江习高速公路通车目标打下了坚实基础。

（原载中国电建网 2016 年 10 月 24 日）

附——

> 为隧道"清肺"——渝广项目瓦斯抽排技术应用效果显著

日前,电建路桥公司渝北至广安高速公路项目华蓥山隧道开挖遇到揭煤层地质,通过先期技术论证和评审,隧道采用了"高负压瓦斯集中抽排"施工技术。通过瓦斯抽放泵产生的负压进行抽放,就像是打针之前先要把针管里吸满药液一样,不同的是抽出来的是瓦斯气体,技术的应用为隧道施工排除了安全隐患,应用效果显著。当前隧道施工正安全有序进行。

渝广项目华蓥山隧道左线长 5018 米,右线长 5000 米,隧址区内存在高瓦斯、断层破碎带、岩溶区、岩爆段、涌水、突泥、突出危险性煤层及新旧采空区等复杂地质问题,被勘查及设计单位称为"地质病害博物馆",施工难度高、安全风险大,是渝广高速公路项目关键控制性工程,也是全国排名第二长的在建双座 6 车道高瓦斯隧道。

当前,我国针对长大高瓦斯公路隧道揭煤防突作业尚无成熟的经验可以借鉴,渝广项目华蓥山隧道将"高负压瓦斯集中抽排"技术应用于公路高瓦斯隧道的施工在集团范围内尚属首次,该技术可有效地把突出危险性煤层瓦斯含量控制在每吨煤 8 立方米以下,能够确保特大断面公路隧道穿越煤与瓦斯突出危险性煤层的施工安全。本次瓦斯抽排技术的成功应用为华蓥山隧道后续穿越煤层施工积累了经验、检验了机制、锻炼了队伍,也为我国在复杂地质条件下特大断面高瓦斯公路隧道揭煤防突施工作出了有益的探索。

(原载中国电建网 2016 年 8 月 16 日)

控制性工程

附——

晋红高速公路：最美高速公路首入滇中

近日，由中电建路桥集团有限公司投资建设并投入运营的云南省晋宁至玉溪红塔高速公路沿线植被生机盎然，沿途人文景观、自然景色与高速公路形成了三位一体的亮丽风景线，营造了"车在路上走，人在画中游"的美好行车体验。

晋红高速公路全长 49.4 公里。在建设中，中电建路桥集团有限公司采用了虚拟化设计施工、抗滑透水 SAM 沥青混凝土、监控通信消防一体化系统等多项新技术，加上其"首件工程"等系列制度措施的推行，有效地提高了公路的建设品质和通行安全性。同时，根据云南地区高原山地的地势特点，晋红高速公路开展了"设计、施工一体推进"的有益探索，在保证工程质量、行车安全的基础上，打造了一系列融合玉溪、晋宁两地历史、民俗特征的人文景观带。

（原载《中国交通报》2018 年 7 月 23 日）

重大节点

工程重大节点一般包括开工建设、控制性工程或工程整体完工、交工、交付、通车、竣工等，新闻素材来源于企业工程施工计划或建设实际进展。新闻体裁一般为消息与通讯相结合的方式，组织方式有新闻通稿、邀请媒体报道、新闻发布会等。

工程实现重大节点是建筑企业最适合展开对外宣传的时机之一，除开工建设外，重大节点新闻在发布消息新闻稿（新闻通稿）的基础上，原则上还应当组织宣传力量撰写工程建设通讯类纪实文章，全面记述工程建设过程中的亮点、举措、社会责任等，形成工程阶段性或全面性的总结性宣传文字。

重大节点新闻的撰写和组织与日常企业新闻有所区别：重大节点新闻稿时间、内容可以预判，可以提前组织撰写工作；发布企业重大节点新闻稿件的根本目的是展示建筑企业工程建设业绩，与一般节点展示工程建设进展情况的宣传有所区别，文字撰写的侧重角度不同；重大节点的素材完全来自企业内部，并且新闻点一般是业主、参建单位甚至是工程建设当地主流媒体的关注对象，有利于组织外部宣传力量开展宣传；重大节点新闻撰写时有大量建设过程中的新闻稿件素材，具备引入外部宣传力量的条件。

"雄安新区首条市政快速路正式通车 自雄安站到达容城县城仅20分钟"一稿标题提出 "雄安新区首条市政快速路" "雄安站到达容城县城仅20分钟" 两个新闻点，前一个新闻点侧重新闻事件，后一个新闻点侧重新闻事件相关民生方面的意义。这类在标题内纳入多个新闻点的做法有利于外部媒体根据需要选用报道，有助于提升外部媒体上稿率。

"公司投资建设的江津至习水高速（重庆段）正式通车"一稿是常见的交通工程重大节点新闻，新闻撰写一般以实现的节点内容切入，后续分别介绍工程整体情况、工程建设进展、工程建设特点及措施、工程建设意义等。

"1070天！11公里！梁忠高速礼让隧道全线贯通" "8513吨！西南地区单体最

重转体桥'空中转体'成功"两稿则是建设控制性工程完工重大节点新闻稿，与工程整体重大节点新闻稿相比，内容上更偏重对单体工程的介绍；为了突出宣传效果，新闻标题与工程整体重大节点新闻也有所区别，标题拟定更为激进一些，是企业新闻标题吸引读者的常见做法。

附——

雄安新区首条市政快速路正式通车 自雄安站到达容城县城仅 20 分钟

2020 年 12 月 25 日，集团旗下电建路桥公司承建的雄安新区 K1 快速路（一期）项目举行开通仪式，标志着新区首条市政快速路正式通车并投入使用，走 K1 快速路从已经开通的高铁雄安站到达容城县城的时间缩短至约 20 分钟。

据悉，K1 快速路（一期）项目是雄安新区第一条市政快速路，也是京雄城际铁路雄安站的重要配套项目，是未来雄安高铁站与起步区、容城组团之间的直通通道，承担省道 333、大广高速、荣乌高速及京雄高速的连接转换功能。快速路西起荣乌高速，东至大广高速，全线穿越昝岗组团核心，路线全长 15.1 公里。K1 快速路共分为东、中、西三段，东西两段以地面快速路为主，中段为地下结合地面双层快速路形式。目前一期工程建设的是快速路的西段和中段。

K1 快速路全线隧道长度达 7800 米，有 11 座发挥地下立交桥作用的匝道隧道，地下车行环廊的转换枢纽为"双 T"形互通立交。相应建设实现了公路与铁路的无缝衔接，提升了高铁站片区车辆快速通行的速度；隧道匝道的设计减小了对主线隧道的行车影响，通行效率获得了提升；地下结合地面双层快速路的形式，在满足交通需求的同时，节约了地面空间，有利于保持新区后期建设的整体建筑风貌。

另外，路桥公司于 2020 年 5 月中标的雄安新区另一项目——高铁站至 S333 连接线工程一期和 S333 东延工程项目桥梁下部结构及桩基施工已基本完成，工程建设正按施工计划有序推进。

（原载中国电建网 2021 年 1 月 8 日）

附——

公司投资建设的江津至习水高速（重庆段）正式通车

6 月 29 日，中国电建投资建设的重庆江津至贵州习水高速公路（重庆段）正式通车，这标志着重庆城市发展新区南北交通大动脉正式贯通，江津至习水车程将由原来的 3 小时缩短至 1.5 小时。

江习高速公路是重庆市"三环十二射七联线"高速路网中重要的省际通道，也是重庆市第四个新千公里高速公路建设首个项目。江习高速公路承载着重庆物流出海距离最短高速通道、黔煤资源入江、渝川黔经济社会交流、渝川黔旅游"金三角"的重要使命。

江习高速公路全长 70.458 公里，总投资额 82.1 亿元，采用 BOT+EPC 模式，由电建路桥公司联合水电五局、水电十四局共同投资，水电十三局、水电十六局、重庆电建等参与建设。公路设计为双向 4 车道，共有桥梁 46 座、隧道 11 座。其关键控制性工程笋溪河特大桥是重庆市第一座山区大跨度悬索桥，大桥桥面距河谷高约 280 米，是重庆市新的"第一高桥"。

在项目建设中，参建单位积极开展科技创新，推广应用新工艺、新材料、新技术，笋溪河特大桥在钢桁梁及钢桥面板合龙施工中，在国内首次采用科学分析法；在四面山特长隧道施工中，研发出的水压爆破等相应技术突破了多项难题，引进了项目全封闭式工厂化预制梁场建设、全线承插型盘扣式脚手架搭设等前沿技术，有力地保障了项目的高质量快速度建设。

（原载中国电建网 2018 年 6 月 29 日）

附——

1070 天！11 公里！梁忠高速礼让隧道全线贯通

6 月 21 日 23 时 50 分，随着隧道右洞最后一声炮响，由电建路桥公司牵头实施的梁忠高速公路项目礼让隧道实现全线贯通。至此，梁忠高速公路主体工程全部完工，项目建设取得阶段性的胜利，为梁忠高速全线通车奠定了坚实基础。

梁忠高速礼让隧道单洞总长 11038.3 米，是梁忠高速全线唯一的特长隧道，是全线重点控制性工程，也是重庆市目前在建高速公路中最长的隧道。隧道穿越煤层、采空区、岩溶、瓦斯等多种不良地质，地质条件复杂，且存在突泥突水、煤尘爆炸等危险，被勘察和设计人员称为"五毒俱全"的隧道。隧道施工难度极大、安全风险高、技术控制严、工期要求紧。

自 2013 年 7 月 18 日开工以来，电建路桥公司联合参建单位建设人员迎难而上，组织工程技术人员攻关，以科技创新为指导，制定了有针对性、切实可行的施工方案，先后突破一个又一个难关，攻克隧道不良地质岩溶、煤层、瓦斯、采空区以及膏岩腐蚀性等重难点地层，安全穿越 17 处采空区、2 处富水浅埋段、5 处老窑积水段、15 处岩溶发育区、7 道煤层以及 813 米的角砾岩段。在参建各方的共同努力下，礼让隧道实现安全生产 1070 天，成功打造了安全生产"零事故"的"平安工程"，圆满完成各个施工节点任务，并在重庆交委质监局的综合检查中，多次名列前茅，被列为重庆市在建项目亮点工程。

梁山镇地险，蜀道变通途。礼让隧道的贯通将进一步加快梁忠高速建成通车进程，届时从梁平至忠县两地车程将从 1.5 小时缩短至 30 分钟左右，同时与南大梁（南充—大竹—梁平）高速公路相连，不仅可以打通渝东北和渝东南互通大道，而且也打通了四川进入湖北、湖南的最便捷通道，将大大改善渝东北、渝东南交通状况，为川渝两地经济大发展起到极大促进作用。

（原载中国电建网 2016 年 6 月 22 日）

附——

8513 吨！西南地区单体最重转体桥"空中转体"成功

重达 8513 吨的桥梁体，要在空中转体 76 度，难度系数有多大？8 月 10 日凌晨，中电建路桥青白江项目公司就在国道 108 线青白江段改扩建工程中实施了这一"壮举"，提前 20 天实现转体目标。

该立交桥分别跨越成金青快速通道、北环铁路、达成铁路，转体部分跨径长 90 米，重达 8513 吨，是西南地区最重的转体桥梁。

中电建路桥青白江公路项目负责人介绍，由于改扩建工程施工点靠近达成铁路，大约 10 分钟就有一趟列车经过，为减小对铁路运营的影响，所以选择了桥梁转体施工方法。

1 时 15 分，现场指挥人员一声令下，千斤顶开始牵引钢绳，转盘沿着顺时针方向转动，上方的桥梁也跟着缓慢移动。由于梁体太重，1 分钟只能旋转 1.5 度。50 分钟后，桥梁旋转 76 度到位，施工人员对桥墩和转盘进行固定，然后浇筑钢筋混凝土。

10日凌晨0时50分至2时20分，达成铁路该段区域停运，整个作业耗时1.5小时，成功跨越达成铁路。

该桥转体的成功，标志着国道108线青白江段改扩建工程一个重要节点工程完成，同时为中国电建旗下子企业今后承建类似项目积累了经验，并为实现108国道青白江段改扩建工程全线贯通目标奠定了坚实基础。

（原载中国电建网2015年8月11日）

运维

运维素材来源一般为运维团队,其新闻体裁一般以消息为主,在适当时机也可以以通讯等方式开展专题报道,组织方式为新闻通稿、参与所在地报道活动、邀请媒体报道等。

运维新闻与项目建设期新闻的区别在于运维团队与建设团队一般为两套人马。建筑企业工程自建设期转入运维期,宣传团队人员一般会发生根本性的转变,运维期新闻的宣传方向也同时发生较大转变。一般来说,建筑企业工程建设期宣传的侧重点一般为安全、质量、科技、管理、履约、创新等方面内容,而运维期宣传的侧重点为质量、服务、品牌美誉度等方面。工程转入或即将转入运维期时,基层单位应确立新的宣传方向、建立新的宣传团队、确定宣传策略、统筹策划宣传活动,做好工程建设运维期的企业新闻工作。

工程运维期新闻虽然根据工程类型的不同侧重点有所不同,但在通用企业新闻中服务团队建设、运维成绩突出、社会责任担当等方面具备通用性,基层运维团队可以在做好运维新闻工作的基础上根据本单位实际予以创新拓展,以全方位展现企业运维方面的工作成绩与成果。

如"郓城项目南湖宾馆荣获'中国八大菜系名厨大师邀请赛'团体最高质量奖""江

习高速运营管理部'路姐'获第八届'中国路姐团队'殊荣"两篇新闻通过组织企业人员参与行业层面服务团队评比活动，展示了企业运维团队的风貌。

"集团渝蓉高速全天候确保抢险通道畅通"一稿报道了企业在落实各级政府指示和要求过程中，国有企业的举措与行动。类似新闻的及时组织与宣传，对展现国有企业践行社会责任、勇于担当急难险重任务理念、树立良好的企业形象具有良好推动作用。

附——

郓城项目南湖宾馆荣获"中国八大菜系名厨大师邀请赛"团体最高质量奖

2019年10月27日，由山东分公司负责承建运营的南湖宾馆在"中国八大菜系名厨大师邀请赛"中荣获佳绩。该比赛由中国烹饪协会、山东省厨具协会、青岛中烹协经济技术开发有限公司联合主办。

针对本次比赛，南湖宾馆坚持优中选优，从33名职业厨师中选拔出3名优秀厨师，代表菏泽与济宁地区参加了本次名厨大师邀请赛的团队宴席展和个人技能比赛。共有30多个厨师团队、200多人进行激烈角逐，南湖宾馆最终夺取团体赛第一名"最高质量奖"和个人赛"五星金奖"的好成绩。

比赛中，南湖宾馆以"绽放南湖魅力，乐享唐塔飞宴"为展示主题，意在弘扬中华民族优秀传统饮食文化。此宴席以山东省菏泽市郓城县唐塔文化及传说典故为创作背景，结合地方习俗及传统饮食文化，由南湖宾馆与当地文旅部门共同研发而来。本次团体赛"最高质量奖"和个人赛"五星金奖"的取得，大大提升了南湖宾馆在菏泽乃至鲁西南地区的知名度，对南湖宾馆运营管理工作的顺利推进有着积极的促进作用。

（原载中电建路桥集团有限公司网2019年10月29日）

附——

江习高速运营管理部"路姐"获第八届"中国路姐团队"殊荣

日前,从中国公路学会文件《关于表彰第八届"中国路姐"的决定》获悉,江习高速中山收费站"高速彩虹"服务队获第八届"中国路姐团队"荣誉称号。

第八届"中国路姐"活动自 2021 年 8 月开展以来,引起了全行业的广泛关注。10 月 17 日,由中国公路学会组织的"第八届'中国路姐'专家评审会"在京举行,根据《中国公路学会"中国路姐"推选工作管理办法》,严格推送、评选、公示等环节,专家评审会经过充分讨论,最终确定"中国路姐"50 名、"中国路姐团队"40 个、"中国路姐入围奖"25 名、"中国路姐团队入围奖"21 个、"优秀组织单位"23 家。江习高速路姐团队喜获"中国路姐团队"殊荣,同时也是本次评选中重庆市高速公路唯一一个获奖团队。

中电建江习高速运营管理部高度重视团队发展,在高速公路运营管理思想引领、业务创新、评优争先等方面为基层团队建设和发展营造了良好的氛围,在本次路姐团队评选中,积极宣传推广"最美中国路姐",探索挖掘"中国路姐"美的价值,对内树榜样,对外展形象。而推选评比出的江习高速中山收费站"高速彩虹"服务队则更是一支意气风发、斗志昂扬的队伍,她们以"优质服务、安全第一、自强不息、勇于超越"为口号,以"专业品质 用心服务"为宗旨,扎根在江习高速,用灿烂的微笑、甜美的语言温暖着每一位司乘;她们爱岗敬业、无私奉献,积极发挥着服务窗口示范引领作用。

此次获评第八届"中国路姐团队",中电建江习高速运营管理部将倍加珍惜此殊荣,将持续聚焦于高速公路行业动态发展,开拓创新、锐意进取、真抓实干、团结奋进,秉承"专业品质 用心服务"宗旨,精细服务、塑靓品牌,致力打造"三美"江习高速及"中电建"在渝品牌影响力。

(原载中国电建网 2021 年 12 月 15 日)

附——

集团渝蓉高速全天候确保抢险通道畅通

6月24日上午6时左右,茂县叠溪镇新磨村突发山体高位垮塌,造成河道堵塞2公里,100余人被掩埋。灾情发生后,电建路桥公司渝蓉高速项目公司迅速传达四川省公安厅、四川省交通运输厅关于"6·24茂县滑坡灾害事故"抢险救灾交通运输保障工作的重要指示,第一时间启动渝蓉高速公路应急抢险保通保畅工作预案,迅速安排部署渝蓉高速公路保通工作。

集团投资建设的渝蓉高速公路项目起于成都龙泉,止于川渝省界。公路2016年7月15日开工建设,2016年12月30日实现成都二绕至省界段建成通车,建设期中国电建建设者们曾创下"150天150公里"的建设纪录。当前,连通四川至重庆的渝蓉高速已成为成都和重庆之间的重要交通要道。

为确保渝蓉高速的交通顺畅,24日,电建路桥公司渝蓉高速项目公司提出"全力以赴确保各类抢险救灾车辆通行顺畅"的要求,高速公路运营部门及时开通抢险救灾绿色救援通道,严格落实救援车辆抬杆放行等保障措施,对抢险车辆无条件直接放行,确保应急抢险救援车辆的快速通行。通过沿线设置的可变情报板、LED显示屏等发布提示信息及实时路况信息,引导社会车辆让行或绕行,保障救援车辆快速通过。同时,充分发挥监控中心统一调度指挥的功能,加强对四川段重点收费站、重点路段的实时监测,统筹调度各方交通参与者的力量,加强路面管控,维护高速公路安全畅通的运行。此外,运营部门还增派路巡、收费人员,加强对各收费站的交通疏导,增加应急值班力量,强化值班值守,确保人员到位、值班到位。

当前,"6·24茂县滑坡灾害事故"的救援工作仍在紧锣密鼓地开展,渝蓉高速作为中央国有企业建设、管理的交通干线,正以优质的服务、快速的反应能力持续为抢险救灾工作贡献力量。

(原载中国电建网2017年6月29日)

获奖与感谢信

获奖与感谢信新闻素材来源为国家相关部门、行业协会和业主单位等。新闻体裁一般为消息,特别重大类奖项还可以通讯的形式开展详细报道,组织方式为新闻通稿、邀请媒体报道、新闻发布会等。

获奖与感谢信新闻是企业树立公信力、提高客户信任度的重要渠道之一,其新闻的结构一般来说较为固定,标题通常为"某某单位获某某荣誉",感谢信类新闻的标题则可以相对灵活,以突出感谢信中的重点内容,如"公司收到某某单位感谢信"、提炼的感谢信相关内容+"公司收到某某单位感谢信"等。

建筑企业创奖、获得表彰是一个长期、周密、烦琐的过程,这决定了在这类企业新闻中,对过程的阐述报道是稿件的侧重点。在实际撰写中,引语一般简要介绍获奖(表彰)的情况,主体可以用一段或者几段阐述创奖、获得感谢信的工作举措和历史成绩,从而全面展示企业在工程建设、发展中的正面形象。需要注意的是,获得的奖项如果不为普通读者所熟知,新闻稿件撰写时则需要根据实际情况对相应奖项予以简介或诠释。

如"电建路桥公司获'2018—2020年度首都文明单位标兵'荣誉"一稿中，引语对企业历年精神文明获奖情况进行了简要介绍，主体部分以4个段落分别介绍了企业精神文明建设组织、成绩、举措和未来发展等内容，较为全面地反映了企业精神文明的建设成果。

"集团收到四川省人民政府感谢信"一文则通过感谢信侧面反映了企业在工程建设中不畏艰险、敢于担当的良好形象。感谢信类新闻引语应尽量简短，主体部分则从企业角度对获得表扬的亮点工作进行重点、详细的阐述，结尾部分一般为对未来的期望、打算、决心等。

附——

电建路桥公司获"2018—2020年度首都文明单位标兵"荣誉

3月4日，首都文明办发布《2018—2020年度首都文明示范区、首都文明村镇、首都文明单位标兵、首都文明单位、首都文明家庭、首都文明校园名单》，继获"2012—2014年度首都文明单位""2015—2017年度首都文明单位标兵"荣誉后，电建路桥公司再获"2018—2020年度首都文明单位标兵"荣誉。

近年来，路桥公司全体员工以习近平新时代中国特色社会主义思想为指导，全面贯彻党的十九大和十九届二中、三中、四中、五中全会精神，深入落实国务院国资委、中国电建各项决策要求，牢记中央国有企业使命，以培育和践行社会主义核心价值观为根本，以企业改革发展为主线，围绕中心、服务大局，大力推进群众性精神文明创建活动。路桥公司各级组织结合单位实际，不断探索新做法、创造新载体、形成新经验，打造了独具特色的"电建路桥文化"，为企业持续健康发展提供了坚强的政治保证、精神支撑和道德滋养。

截至2020年年底，路桥公司在国内外已拥有全资或控股子公司70余个，已成为以公路、市政、房建、铁路、环保业务为核心，涉及轨道交通、城市地下综合管廊、城市综合环境治理、运营管理等多领域多元化发展的综合型建筑平台企业。公司先后获"全国建筑业优秀企业""中国建筑100强""科技创新先进企业"，公司被共青团中央命名为"青年就业创业见习基地"，实施项目先后荣获"中国建筑工程鲁班奖""国家优质工程金奖""李春奖"等行业最高奖项。

近年来，路桥公司坚持弘扬电建精神，坚定报国信念。先后开展"青春心向党、建功新时代""礼赞新中国、奋进新时代""二次创业再出发、同心筑梦新时代"等主题活动，牢记企业使命、践行企业责任；创建思想政治工作示范区，创新新闻宣传的手段和载体，创办《电建路桥》《道和人》报刊及"路桥之声"微信平台等新兴媒体，营造浓厚的舆论氛围，坚定公司干部职工干事创业、服务国家建设的使命担当。公司所属单位同步开展相关文明创建工作，获省级文明工地11项、市级文明工地21项，2家单位获省级文明号，4家单位获市级文明号。

近年来，路桥公司坚持凝聚创建成果，打造一流企业。在市场开发、经营管理、科技创新等各个环节，开辟"党员责任区"，设立"党员先锋岗"，联合项目所在地政府、合作单位协同开展社会责任实践活动，将文明创建的"向心力"转化成多方联合打造文明社会的"推动力"，点燃干部职工的拼搏激情，激发干部职工攻坚克难的闯劲、韧劲；面对发展过程中遇到的新挑战，充分发挥员工的前沿思维，以锲而不舍、求索创新的精神，先后在国内建筑行业引入高速公路"设计＋施工＋投资"总承包、城市建设"BT"等新型商业模式，开创8个省市的基础设施项目建设PPP模式，为区域经济发展提供了示范经验；在集团公司范围率先创建"片区开发＋区域总体运营管理""采煤塌陷区综合治理开发""城市片区产业导入"等新模式示范项目，率先切入砂石、矿产、城市水务等新领域市场，为集团公司规划、设计、金融、施工、运维类成员企业打造新动力源，为建筑引入应有的绿色、人文因素，为多地社会经济发展带来新的、绿色的体验，为中国电建转型发展作出了应有的贡献。

（原载中国电建网2021年3月15日）

附——

集团收到四川省人民政府感谢信

新春佳节前夕，四川省人民政府办公厅向集团发来感谢信，向集团及旗下成员企业奋战在渝蓉高速公路项目建设一线的全体员工表示亲切的慰问和衷心的感谢。感谢信充分肯定了集团渝蓉高速公路项目取得的优异成绩，高度赞扬了建设团队不畏艰险、敢于担当的"电建铁军"精神，突出感谢了全体建设者为方便川渝两地人民出行作出的重大贡献，并勉励参建人员再接再厉，高品质、高速度地实现渝蓉高速四川段全线通车。

渝蓉高速四川段项目是四川省的重点民生工程。在建设中，在四川省各级政府和主管部门的大力支持下，中国电建迅速组织精兵强将，抽调优势资源，展开工程建设。项目全线施工人员高峰期达 7000 余人/日、机械 600 余台/日，不到半年的时间里完成路基土石方 88.50 万立方米，沥青上面层铺筑 490.46 万平方米，安装波形护栏 57551 米，种植坡面植被防护 327.33 万平方米，实现建安产值 27.7 亿元。从 2016 年 8 月开工建设，到 2016 年 12 月 30 日实现成都二绕至省界段通车目标，创下"150 天，150 公里"的高速公路建设奇迹。

这封表扬信是四川省人民政府对中国电建渝蓉高速公路项目全体建设者辛勤付出的最大肯定，也是鼓励项目全体员工再创佳绩的最好动力。2017 年，项目建设者们将以更加饱满的热情和更加积极的姿态投入剩余工程的推进热潮中，力争早日实现全线 174 公里的顺利通车，为四川人民再建功勋！

（原载中国电建网 2017 年 2 月 6 日）

媒体报道（媒体沟通）

媒体报道新闻素材来源为外部主流媒体，其新闻体裁一般为消息。组织方式为新闻通稿，实际操作中一般有重新组织撰写和原文转载两种方式。

媒体报道特别是主流媒体的正面报道对企业形象和品牌建设具有重要意义，建筑企业通过与主流媒体的良好沟通与合作能有效强化企业品牌形象，对企业区域市场开发、获取用户口碑具有重要作用。

融媒体时代，国家、省市各级主流媒体依然是最具权威性和公信力的媒体平台，利用好地方主流媒体的力量实现企业的宣传目的是基层单位主要领导和工作人员在项目开展伊始就应该思考和策划部署的重要工作之一。

国有企业与主流媒体在"服务中心、服务大局"方面具有高度重合的统一思想和理念，企业应主动作为，加强与主流媒体的沟通与对接，以项目建设为切入点，展现企业主动联合各地政府、主管部门，建设地方、服务人民的理念和行动。

结合企业实际，建筑企业基层单位可以通过以下方式加强与主流媒体的对接与合作：

> 一是建立沟通对接机制，开展联合宣传；

> 二是建立宣传合作，展现企地建设成果；

> 三是完善通稿机制，主动承担宣传任务。

媒体报道企业相关内容后，企业根据自身宣传需要，可采取改编报道内容或原文刊发的方式，在企业内部进行二次宣传，对内展现企业形象，提升企业内聚力。

如"央视《新闻联播》报道集团西安沣河生态景区项目""央视：雄安 K1 快速路项目疫情防控、工程建设进展顺利"两稿在中央主流媒体报道基础上进行了改编转载。此类新闻引语一般简要介绍媒体报道的内容，主体则从企业角度对项目建设、项目推进情况进行描述，结尾一般纳入企业宣传方面内容。这种通过再次改编开展报道的方式，是企业宣传外媒报道内容的常见方式之一。

"《云南日报》：晋红高速公路特长隧道引入高精度微震监测预警设备"则借用企业通稿获得主流媒体刊发的时机，在原文标题前增加媒体名称予以转载，在企业内部进行再宣传、再报道，这种方法也是企业在主流媒体刊发企业相关新闻稿件后常见的一种处理方式。

附——

央视《新闻联播》报道集团西安沣河生态景区项目

日前，中央电视台《新闻联播》栏目以《陕西：铁腕治理，重现渭河生态美》为题报道了陕西省在环境治理中所采取的铁腕举措。报道展示了由中国电建集团旗下路桥公司、水电十五局牵头，水电三局参与投资建设的西咸新区沣河生态景区项目的景观形象，并对项目建设后的成效给予了"水质得到明显改善，沿岸也由荒滩变成绿色生态长廊"的评价。

沣河生态景区位于陕西省西咸新区沣东新城，是西安市"八水绕长安"的重点工程，项目涵盖防洪、水面、景观、道桥等 10 个子项工程。自 2011 年项目启动伊始，中国电建人就将"激情理性，精品立足市场；科学和谐，创新铸就企业"的经营理念贯彻到项目的每个细节中。在项目建设过程中，他们不辞辛苦，夜以继日地奋战在建设一线，将昔日杂草丛生的荒地变成了生机盎然的景观；他们不畏艰辛，针对施工中的技术难题刻苦钻研，将一个又一个不可能变成了可能；他们追求卓越，将为陕西人民献精品工程作为自己的追求，充分展现了"中国电建""中国电建路桥"高度负责的央企品牌形象。

一分耕耘，一分收获。2013年4月28日，沣河生态景观一期约3000亩正式开园，标志着项目成功靠岸，景观二期也于2015年5月通过竣工验收，向市民开放。作为西咸新区生态建设的开篇之作，中国电建人不辱使命，成功建成了西安西郊首个大型湿地公园，以精益求精的科学管理，以质量优良、两年无安全事故的良好业绩，展示了"中国电建""中国电建路桥"的央企风采，为陕西人民交上了一份满意答卷，为三秦大地建设"美丽陕西"的蓝图画上了亮丽的一笔。

（原载中国电建网2015年12月7日）

附——

央视：雄安K1快速路项目疫情防控、工程建设进展顺利

2月10日，中央电视台第一频道《新闻联播》报道了公司雄安K1快速路项目建设的最新进展和疫情防控情况，公司项目相关负责人接受采访。此外，在疫情防控和节后复工期间，河北电视台、河北日报、中国雄安官网、雄安发布公众号等各大媒体也先后对项目进行了报道。

采访现场，项目相关负责人向媒体记者详细介绍了公司雄安K1快速路项目的建设情况和疫情防控情况。他在采访中谈到K1快速路是雄安新区重点交通路网建设项目，关系到京雄城际铁路年底能否顺利通车。在这个特殊的春节，面对疫情防控和保工期的双重目标，项目部迅速成立疫情防控工作领导小组，并召开专题会议，对疫情防控工作进行全面部署，落实落细疫情防控防治各项工作，在全面抓好疫情防控、确保"零疫情"的同时，做好生产运营组织，保证项目安全质量进度全面履约。在采访过程中，项目相关负责人还对雄安K1快速路项目的施工技术、工程进度等情况进行了详细介绍，预计将于2020年10月底顺利通车。

K1快速路作为整个雄安新区新建的第一条城市快速路，各大媒体高度关注。项目部将进一步加强与主流媒体的沟通联络，紧紧围绕通车目标，努力创造"雄安质量"，持续提升"中国电建路桥"在新区内的良好品牌形象。

（原载中国电建网2020年2月14日）

附——

《云南日报》：晋红高速公路特长隧道引入高精度微震监测预警设备

3月26日，由中电建路桥集团建设的PPP高速公路项目——晋红高速公路的控制性工程光山1号及光山4号两条特长隧道高精度微震监测预警设备正式投入使用，这在云南高速公路建设领域尚属首次。

晋红高速公路是指晋宁县至玉溪的红塔区的高速公路，长约51公里。起于昆明绕城高速公路西南段（安晋高速公路），经昆阳、宝峰、刺桐关、梅园、飞井等地段，接已建成的玉元高速公路，为双向6车道，设计时速100公里，预计2017年7月竣工。

光山1号隧道及光山4号隧道沿线地质情况十分复杂，断层破碎带密布、隐伏性岩溶发育多，部分段位隧道开挖岩体极为破碎，围岩自稳性差，隧道施工过程中可能遇到较大规模的涌水、突泥、局部塌陷等危险情况，施工环境安全面临严峻考验。隧道引入微震监测预警设备，能够对复杂不良地质段围岩情况进行实时反应预测，对保障施工安全有重大意义。

何为微震监测技术？

微震监测技术是通过高精度检波器捕捉岩体在变形和断裂过程中以微弱地震波形式显现的微地震事件，通过在三维空间中确定岩体变形裂变事件发生的位置和量级，对岩体的变形活动范围及岩体稳定性作出评价，从而预判围岩深部潜在隐患及隧道安全信息，实现对特长隧道安全实时监控及提前处置隐患防治灾害的目的。

据悉，晋红高速公路全线隧道开挖最大高风险段的"卡脖子"工程安企Ⅰ号隧道右幅日前顺利贯通，晋红高速公路建设进展顺利，完成投资已过半，计划2017年7月通车运行。

（原载中国电建网2016年3月28日）

社会责任

社会责任新闻素材来源于企业内部。新闻体裁一般为消息，组织方式一般有新闻通稿、邀请媒体报道等。

社会责任类新闻是国有企业对外宣传企业理念和树立企业形象、品牌形象的重要内容之一。在新闻报道的组织中，除企业自行组织的相关活动类新闻外，其他类如抢险救灾、急难帮扶等突发新闻具有不可预见性，基层单位可以根据企业实际情况，制定突发情况预案，配备宣传力量，切实做好相关新闻报道工作。

企业自行组织的社会责任新闻撰写相对简单，企业在做此类新闻报道时应注意做好新闻事件与企业理念、企业价值观等方面内容的融合，实现企业宣传的目的。

突发类社会责任新闻因事件的不可预见性，可根据预案安排，先由前方人员收集相关新闻要素，再借助后方人员或上级单位力量，完成相关新闻撰写工作。

如：

> "电建路桥烟台项目为西藏震区捐赠衣物"一稿是企业自行组织的社会责任新闻报道，稿件通过描述捐赠背景、措施、组织落实等简明情况，展现企业对震区受灾群众的关怀与帮助的实际举措。

> "电建路桥公司 G219 公路项目党支部火速抢险再显央企担当"一稿通过对企业参与突发危险事件行动的报道，宣传了企业排除险情，保障群众安全出行的举措。

"践初心担使命 风'豫'同'州'保平安——郑州港区基础设施项目抗洪抢险纪实"一稿以通讯的方式集中对企业参与地方抢险的过程进行了专项报道。与消息类新闻稿相比,社会责任类新闻稿介绍事件的整体过程更加详细,表达得也更为全面。

附——

电建路桥烟台项目为西藏震区捐赠衣物

"4月25日,尼泊尔发生8.1级地震。与尼泊尔毗邻的西藏自治区日喀则市吉隆镇遭受震灾,造成人员伤亡和大量房屋受损,现在很多灾民和部队官兵只能睡在帐篷里,灾区急需棉被和军大衣等冬季保暖厚衣物!急需大家的帮助!"

这是近日百度"捐旧衣服"贴吧里的一则求助消息,帖子一出便引起了电建路桥公司烟台项目青年员工的关注,帖子中一张张触目惊心的灾区照片和灾民们一双双渴望援助的眼睛让项目的员工为之动容,虽然远隔3000公里,但大家却心系灾区。

几个人的力量是微不足道的,在烟台项目工会分会和团支部的组织下,项目公司即刻安排专人联系到受灾的日喀则市吉隆镇边防站。在确认灾区需要的衣物种类后,5月5日,项目公司向烟台金山湾项目全体员工发起了"关于为西藏灾区捐赠旧衣物的倡议书"。倡议书通过工作群和微信平台广泛传播,项目公司、总承包部、各工区广大员工纷纷行动起来,加入了这场爱心公益活动中。

"我早就想参加这样的活动了""我家里很多衣服,我让家人寄过来""鞋子要不要?裤子要不要?毛衣要不要"翻出搁置箱底的衣物,清洗、消毒、晾干……大家都忙得不亦乐乎,为初春的烟台金山湾增添了几许热度,为平凡的工作增添了许多感动。这些衣物大都在八成新以上,有些甚至只穿过一两次,有的员工甚至捐赠出了自己购置的新衣物。有的员工由于一直向偏远山区捐赠旧衣物，在得知公司要组织捐赠活动时，不惜捐出了自己还在穿的衣服，一些项目之外的热心市民在看到倡议书后，也表示要加入这场爱心活动。

倡议书发出后的短短 3 天内，共收集到羽绒服、毛衣、裤子、鞋子、棉被等保暖衣物 600 余件，共计 300 余公斤，17 个包裹。5 月 8 日，一车载着满满爱心的旧衣物通过邮局运往了灾区，将由日喀则市吉隆镇吉隆边防检查站收到后统一发放到灾民手中。

（原载中国电建网 2015 年 5 月 12 日）

附——

电建路桥公司 G219 公路项目党支部火速抢险再显央企担当

5 月 30 日，受极端天气影响，电建路桥公司承建的新疆克州 G219 线阿合奇县至八盘水磨公路项目遭遇 50 年不遇的强降雨雪，多处路段发生滑坡、塌方、泥石流、山洪等灾情，导致路面被落石堵塞，道路阻断，造成极大安全隐患。

险情发生后，G219 公路项目党支部第一时间启用应急预案，紧急调集 11 台装载机、16 辆自卸汽车、2 台挖掘机、110 名施工人员赶往现场进行抢险清障。到达现场后，党员带头一面迅速设置安全警示标志，疏导过往车辆减速避让，安全通行；一面冒雨快速清理路面大量碎石和泥水，以最快的速度清理滑坡路段。

经过 24 小时的冒雨奋战，5 月 31 日 21 时 30 分，路面泥石全部清理完毕，恢复正常通行，未出现因险情导致的人员受困受伤和道路交通安全事故。

24 小时的抢险救援中，面对点多面广、复杂多变的灾情，西北区域总部 G219 公路项目与时间赛跑，与险情较量，以强烈的央企责任感为人民群众安全出行筑起生命财产的安全堤坝。

（原载中国电建网 2022 年 6 月 6 日）

附——

践初心担使命 风"豫"同"州"保平安——郑州港区基础设施项目抗洪抢险纪实

近些天来，河南省持续强降雨，位于郑州航空港区的中国电建路桥郑州航空港区基础设施项目防汛形势严峻。面对突如其来的汛情，港区基础设施项目全体干部职工齐心协力奋战在抗洪抢险救灾第一线，全力以赴把汛情影响降到最低，把洪灾损失降到最低，在中原大地唱响风"豫"同"州"抗洪抢险救灾的英雄赞歌。

闻"汛"而动 快速反应

入汛以来，港区项目始终把防汛工作作为头等大事，以防大汛、抗大险为目标，多次开展防汛检查，召开防汛专题会议安排部署，提前预判，做到防汛工作抓早、抓紧、抓好。从 7 月 17 日郑州持续降雨开始，港区项目就紧急行动起来，安排人员 24 小时轮流值班盯紧现场，依次排查存在汛情风险的作业面、职工驻地和防汛物资储备情况，对水路不通、地势低洼的地段提前填埋规整、挖排水沟，做好泄洪准备。

7 月 20 日上午 6 时 40 分，河南省将防汛应急响应提升至 II 级，大雨依旧不知疲倦地一阵紧似一阵地下着，此时郑州市累计平均降水量 123.5 毫米。接到通知后，港区项目快速作出反应，立即启动防汛应急预案，紧急转移物资，拉起警戒线，悬挂警示牌和标语，基坑加装排水泵，检查抢险人员和防汛物资，昼夜监测深基坑边坡稳定和水位上涨情况，全员进入抗洪抢险战时状态。上午 8 时，港区项目指挥部负责人带领防汛领导小组冒着大雨检查冀州路下穿隧道、滨河东路下穿深基坑和草场明沟箱涵等防汛重地，确认隐患点和防汛物资、抢险人员落实情况，要求全员密切关注天气预报，做好防大汛、抢大险的准备，要有危机意识和担当精神，对防汛工作做最坏打算，不可掉以轻心，抗洪抢险严阵以待。

党员先锋 奋勇当先

特大暴雨下个不停。从 7 月 19 日 20 时至 20 日 20 时，郑州市单日降水量 552.5 毫米。17 日 20 时至 20 日 20 时，3 天降水量达 617.1 毫米，郑州平均年降水量为 640.8 毫米，相当于 3 天下了以往 1 年的量，让人望雨兴叹。

7 月 21 日凌晨 3 时，河南省将防汛应急响应由 II 级提升至 I 级。汛情就是命令，时间就是生命。各防汛领导小组及抢险人员即刻踏着黑夜冒雨全副武装到岗，装载机、挖掘机、铁锹、沙袋、水泵、水带等防汛机械、物资陆续到位，当即组建抗洪抢险党员先锋队和青年突击队，全力以赴投入抗洪抢险。

21 日上午 11 时 15 分，港区二标总承包部接到港区高铁南站指挥部险情告急。由于南站正值建设高峰期，周围的排水系统尚未形成，迅速上涨和湍急的洪水威胁着南站和周边设施，一旦被洪水淹没将给国家和企业造成巨大损失。接到救援信息，总承包部当即组织党员先锋队和青年突击队赶往现场疏挖排水渠。汗水合着雨水、泥水在青春的脸颊流淌，雨衣内的衣服全都湿透了，雨鞋灌满浑浊的泥水，他们全然不顾，甩开膀子加油干，仅用 2 小时就挖掘出一条 20 多米长、1.2 米宽、1.8 米深的排水渠，及时疏通了豫州大道的积水点，排除了南站和周边设施的险情，受到南站指挥部的好评。

当天下午，强降雨导致冀州路下穿隧道基坑、电缆槽、水沟槽积水过深，现有的179台水泵仍不能满足排水需求，洪水威胁着基坑和边坡安全。港区项目全体党员干部奋勇当先，装沙袋、扛沙包、围堵、加固基坑边坡，加装排水泵。经过6个多小时的抢险，基坑加装水泵5台，东西两侧边坡稳定，人员设施安全。

港区三标总承包部施工部副主任、共产党员秦宝宝负责盯守庙后唐沟施工区域汛情。庙后唐沟施工区域全长2公里，沿线与学校、农田、地铁、安置区接壤，由于降雨过快形成两个堵点，如果出现排水不畅，造成倒灌，损失不堪设想。秦宝宝深知责任重大，他撑着雨伞、拿着手电筒，在大雨中往返在两堵点之间，每次带班领导电话询问汛情，他总是说"有我在，请放心"，就是这样的坚守牢牢控制住了庙后唐沟施工区域的险情。

风雨无情 奉献有我

7月19日晚8时，大雨导致港区龙王办事处王道安置区出现积水，局部积水深达2米多，雨水倒灌，造成房屋坍塌、停水停电，严重威胁着安置区群众的生命财产安全。龙王办事处向三标总承包部寻求人员和物资救援。总承包部迅速组织5名抢险人员，调配水泵2台、发电机1台、汽油抽水泵1台前往支援，经过3小时的抢排水和电力抢修，晚上11时恢复了电力，次日凌晨2时积水基本抽干，险情排除。办事处发来感谢信，办事处主任陈展激动地连声道谢："你们是好样的！"

7月20日18时，二标总承包部接到三官庙办事处紧急求助，连日暴雨导致积水漫过安置区，严重威胁社区群众安全。总承包部立即组织20名党员青年，调集12台水泵、3台机械，冒着暴雨连夜开挖临时排水沟，经过16小时的连续奋战，终于排除了积水，安置区群众生命财产免受威胁。

7月20日20时,马村汛情告急,二标总承包部立即集结应急抢险队员40余人,调配抢险设备20台,填筑防汛沙袋1000余个,在村子周边筑起防洪围坝,守护着村民的平安。

7月22日,连日降雨导致位于郑州二七区马寨镇的尖岗水库库容爆满,防洪压力巨大、物资短缺。郑州市政府统一调度抢险人员、物资支援马寨镇,三标总承包部在1小时内调配卡车1辆、中性排污水泵4台,抢险人员4名,以最快的速度救援马寨镇,得到马寨镇政府的高度赞扬。

这期间,港区项目先后组织人员、设备援助李村、岗李村、野张村、清凉寺等多地抗洪抢险救灾,并为保护南站和周边设施,降低国家和人民财产损失,不计项目得失,冀州路下穿隧道和滨河东路下穿基坑承担起排洪泄洪的使命,受到港区政府、建管局和当地群众的一致赞扬,共同唱响了企民共建、风雨同舟、甘于奉献、共克时艰的赞歌!在中原大地树立了"中国电建"和"中国电建路桥"的品牌形象!

7月22日,华中分公司领导踩着泥泞检查港区项目抗洪救灾工作,对党员干部的突出表现和取得的成绩给予高度评价,要求各单位一定要确保人员安全,时刻绷紧防汛这根弦,做好灾后复工复产工作。24日,指挥部召集港区项目各单位紧锣密鼓部署复工复产和下一阶段防汛工作。

这是一场与时间赛跑、向洪水猛兽亮剑的争夺战。狭路相逢勇者胜。电建路桥人正是以践行初心、担当使命的勇气战胜了洪魔,捍卫了一方平安,履行了电建路桥社会责任!当阳光拨开云雾洒满大地的时候,电建路桥人又以昂扬的姿态、奋勇争先的精神,让港区基础设施项目再一次焕发勃勃生机,为建设美丽郑州再一次扬帆起航!

(原载中电建路桥集团有限公司网2021年7月26日)

按年度时间写好新闻

按年度时间写好企业新闻是国有企业宣传中华民族优秀传统文化、贯彻落实国家各种倡导和倡议内容的对外宣传时机，也是建立企业文化、展现企业形象、对外传播企业理念的重要方法。同时，按年度时间组织好基层单位新闻撰写也是提高基层单位新闻稿件数量、树立基层单位形象的重要手段。

结合建筑企业特点，按年度时间撰写的新闻一般分为三种：一是按照国家要求或者企业内部确定的经常化、制度化的活动。例如与建筑企业密切相关的安全生产月活动、质量月活动和企业传统活动等。二是国家、地方政府、行业协会倡导的相关活动。例如宪法宣传周、节能减排活动、企业诚信创建活动等。三是世界、国家、民族传统节日，企业节日等。如新年、春节、元宵节、端午节、中秋节、建军节、重阳节、冬至节及各民族节日等。

落实国家、地方政府、行业协会倡导并在一段时间内开展的某项活动宣传工作，可以根据企业自身宣传需要加以筹划，如安全月活动、质量月活动、企业传统活动等与企业密切相关的活动可以系统筹划，用活动启动报道、报道活动进展、报道活动举措、报道活动成果等形成一系列的专题新闻宣传稿件，形成密集宣传，强化新闻传播效果。

专题新闻稿件一般由启动新闻、过程新闻、结束新闻等组成，如"某某企业全面启动某某活动""某某措施扎实推进某某活动""某某企业某某活动圆满收官"等标题可作为专题报道的开头、过程、结尾新闻标题。

如"电建路桥公司联合地方政府全面启动 2019 年'安全生产月'活动"一稿对企业开展"安全生产月"活动进行了报道。引语介绍了活动的启动时间、地点、主题、参加人员，主体则对活动相关内容、要求进行了介绍，结尾介绍了活动的背景、后续部署和目的，这是专题活动新闻稿通用写法之一。

"达州项目'九到位一推进'深入推进安全生产标准化建设"一稿则报道了基层单位在"安全生产月"活动中的相关举措，与活动时间内其他稿件一起，形成了专题活动的系列稿件。此稿标题从与达州项目相关的工作内容中汇总精练出"九到位一推进"这个总结性、经验性的短语，这种将工作总结成符号的做法与本书"控制性工程"章节的做法类似。此种做法在部分务虚工作新闻报道中常常用到，如党建、工会、共青团工作新闻等，是基层单位提升稿件质量、提高新闻上稿率的有效方法之一。

在倡导类、节日活动类企业新闻撰写中，基层单位可以结合企业实际情况，策划、组织相关活动，以开展的相关活动为切入点，宣传好企业人文方面内容，展现企业文化、理念等相关内容。

如在元旦、春节等传统节日前后，结合国有企业常开展的"节日送温暖""复工复产""新春走基层"等实际活动，以企业新闻宣传好企业文化理念。

再如根据学雷锋日、国际妇女节、清明节等节日活动开展情况，报道企业社会责任理念，展现企业关爱女员工、缅怀先烈和传承优良传统的正面形象。

又如通过"六一""重阳节"等特定节日活动报道企业帮扶儿童和老弱的实际行动，宣扬企业助力工程所在地社会经济和谐发展的具体行动等。

倡导类活动、节日活动的组织与新闻的撰写，企业可根据时间或活动类型提前做好组织策划，拟定活动主题，通过邀请相关单位或媒体联合开展活动等，提升新闻报道的层次和高度。

如"集团郑州项目'三个一'活动紧绷节前廉洁弦""复工即大干 开年就高潮：广东中开项目全面吹响复工复产'集结号'"两稿围绕春节前后建筑企业基层单位日常工作提炼出新闻点，从不同侧面展现企业在传统节日前后的行动和作为；"集团江习高速建设者与驻地儿童欢度'六一'"一文则通过开展特定节日相关活动，以及企业与驻地周边学校的互动，宣传了企业的社会责任理念。

附——

电建路桥公司联合地方政府全面启动 2019 年"安全生产月"活动

5月31日,电建路桥公司在红河州建(个)元高速公路项目个旧北互通施工现场举行以"防风险、除隐患、遏事故"为主题的"安全生产月"活动启动仪式,红河州交通运输局、红河州应急管理局、路桥公司有关领导及红河州项目500余人参加了启动仪式。

启动仪式宣布了路桥公司2019年"安全生产月"活动方案,提出了具体要求,参会人员进行了宣誓,并在"安全生产月"横幅上签字。红河州交通运输局和红河州应急管理局对路桥公司在红河州项目的建设予以肯定,同时也希望项目建设人员紧扣项目风险,加强系统防范,强化基础管理,做好联动保障,坚决杜绝安全生产事故的发生,为新时代红河州经济文化建设作出新贡献。

今年6月是全国第十八个"安全生产月"。活动前夕,路桥公司主要领导对"安全生产月"活动高度重视,亲自部署安排了安全月实施方案。在安全生产月期间,路桥公司及公司各单位还将围绕主题开展安全宣传咨询日、应急演练、警示教育、防汛抗旱隐患排查等一系列活动,切实把安全工作落实到管理与施工作业的各个环节,把"安全生产月"活动的各项工作抓紧、抓好、抓实,真正做到"防范化解重大风险、及时消除安全隐患、有效遏制安全生产事故"。

(原载中国电建网 2019 年 5 月 31 日)

附——

达州项目"九到位一推进"深入推进安全生产标准化建设

6月29日,电建路桥公司达州项目连续334天实现安全管理目标,项目安全、职业健康、环境保护、节能减排工作形势平稳。这与达州项目公司、总承包部和各施工项目部自2015年8月项目动工至今做到责任体系、制度建设、安全教育培训宣传、安全投入、隐患和日常巡查、应急管理、安全技术措施、安全文明施工、危险源辨识与风险管理的9个"到位"和推进安全标准化的"九到位一推进"工作密不可分。

截至目前,路桥公司达州长田新区基础设施BT项目制定了67项安全生产管理制度、102项安全操作规程,其中安全管理制度51项、"三项业务"管理制度16项,制定《达州项目从业人员安全行为手册》300册,并下发到施工管理人员手中。项目强化工程技术对安全生产的保障作用,规范安全技术措施管理工作,认真落实安全技术交底。开工至今组织安全技术交底8次,运用工程技术手段约束和限制人、物、环境的不安全因素。在安全月活动期间,达州项目紧盯隧道施工、防洪度汛、防暑降温、用电安全、特种设备与特种作业人员管理和高边坡防护监控工作及场内爆破作业的关键线路、重点监控过程的管控工作,确保安全生产的"八安八险"管理理念落到实处。

达州项目是电建集团(股份)公司、中电建路桥集团率先进入川东北区域的投资和施工项目之一,其投资建设、履约回购决定着集团在该区域的总体设计和细致布局,需要用精品展示形象、立足市场,既要激情、也要理性,其"九到位一推进"的思路与实践,积极树立和维护了"中国电建""中国电建路桥"品牌形象,受到四川省达州市经开区和省市各类调研组的一致好评,也将安全生产标准化建设进一步引向深入。

(原载中国电建网2016年6月29日)

> 附——

集团郑州项目"三个一"活动紧绷节前廉洁弦

"今年过节不送礼,廉洁短信人人传。弘扬正气大风尚,与时俱进阖家欢。""廉政犹如登高,越往上越神清气爽;贪婪犹如掘井,越往下越足深难拔。"……近日,一首首廉洁诗词、一条条廉洁短信在中电建路桥集团郑州陇海路快速化通道工程各员工之间悄然流传着。

为积极营造学廉、敬廉、思廉、保廉的良好工作氛围,进一步提升全体员工的廉洁从业意识,保证过一个务实、节俭、文明、廉洁的春节,自1月10日起,中电建路桥集团郑州项目公司在项目公司、陇海路项目总承包部及各施工项目部、中牟总承包部及各工程处组织开展了春节前反腐倡廉宣传教育"三个一"(组织一次反腐倡廉专题教育课,举办一期反腐倡廉专题教育专栏,组织人员撰写投递一篇反映反腐廉洁从业文稿)活动。

活动开始后,各项目部利用晚上休息时间组织党员、重要岗位人员等进行反腐倡廉再教育,通过廉洁从业相关法律法规宣贯、观看《作风建设永远在路上》《鉴史问廉》等反腐倡廉教育短片、撰写廉洁从业学习心得等多种形式,使员工更深入地理解了廉洁文化,从思想上进一步提高了反腐倡廉意识。此外,开辟反腐倡廉专题宣传专栏,在宣传专栏定期发布反腐倡廉漫画与格言警句,通过生动的图画与含义深刻的警句,在营造浓厚宣传学习氛围的同时,也将清正廉洁的思想观念深入传播到各个层面。

陇海路第三项目部在此次活动中专门制作了一份廉洁漫画集PPT课件,每次开会利用会前5分钟进行播放。"以前总感觉反腐倡廉教育多是死板的说教,生硬的灌输,想不到还可以这样寓教于乐,让我们在潜移默化中受到教育和警醒,时刻紧绷廉洁这根弦。"该项目部员工杨帆说道。一幅幅反腐倡廉漫画或讽刺,或幽默,让人看了忍不住深思、警醒,这种寓教于乐的形式既让员工易于接受,又能起到很好的警示作用。

自郑州项目公司组织开展春节前反腐倡廉宣传教育"三个一"活动以来,廉洁短信、廉洁漫画、廉洁诗词等多种形式寓教于乐的廉洁文化宣传活动有声有色、如火如荼地开展着。截至目前,此次活动郑州项目公司、陇海路项目总承包部及各施工项目部、中牟总承包部及各工程处近20家单位、近700名干部职工参与了集中学习。各单位共制作宣传展板22块,制作PPT宣传课件5份、宣传漫画1份,制作发放廉洁自律手册50余本,收集廉洁短信100条、廉洁诗词17首,营造了浓厚的廉洁文化氛围,从思想上进一步提高了员工的廉洁意识,为保证员工过一个廉洁、节俭、文明的春节打下了坚实的基础。

(原载中国电建网2015年2月9日)

附——

复工即大干 开年就高潮:广东中开项目全面吹响复工复产"集结号"

日前,电建路桥公司广东中开高速项目全体参建单位和建设者统一思想,鼓足干劲,紧抓机遇,力争上游,以"时不我待"的紧迫感投入工作岗位,吹响全面复工复产"集结号"。

结合年度中开高速任务重、建设难度大的形势,项目公司紧抓项目复工部署,控制性工程参建人员坚持坚守工地在岗过年,其中银洲湖特大桥、岐江河大桥等控制性工程一线参建人员坚持作业,春节期间施工不间断;节后大常山1#隧道、磨刀门特大桥等主要工点快速复工。当前,在项目公司及各分部全力组织下,项目建设累计在岗人员达到3300人,其中一线施工人员2800余人,项目一线全面实现复工复产,呈现出一片火热场景。

在岐江河大桥现场,大桥拆除紧中有序,加快推进。岐江河大桥是中开高速中山段控制性工程,需拆除现有长度为132米的双塔单索面斜拉桥岐江河大桥,新建双层主跨长度为153米的系杆拱特大桥，施工技术难度大、保通协调难度高。为践行绿色环保、以人为本的理念，岐江河大桥拆除采用"链式切割+场外运输破碎"的施工工艺，有效解决了与噪声、粉尘相关的邻避效应问题。春节期间现场已完成斜拉桥桥面破除、墩顶固结、监控测量等前期准备工作；2月28日，项目正式启动桥梁拆除工作；目前，已拆除桥梁主跨17米。

在银洲湖特大桥施工现场，工程建设稳扎稳打，节节攀升。银洲湖特大桥是中开高速江门段的控制性工程，主航道桥采用双塔双索面混合式结合梁斜拉桥，半漂浮体系，主桥总长906米，跨径组合为（188+530+188）米，桥面总宽度为36米，中跨采用PK箱组合梁，边跨采用混凝土梁，主梁共105个梁段，主塔墩高203.62米，技术难度大、施工周期长、工序复杂。春节期间，银洲湖特大桥全体作业人员、管理人员坚守一线，全面推进斜拉桥主塔、主梁施工，目前银洲湖特大桥3#主塔已封顶，4#主塔已完成84%，施工进入主梁施工的关键阶段。

在疫情防控与复工复产齐抓并举方面，中开项目公司及各一线项目部全面落实疫情防控要求实现点对点宣传、人员进出入登记、区域定期消毒、防疫物资持续跟进、核酸检测集中服务等措施，坚持为项目建设人员构筑起强有力的防护墙。项目扎实做好防疫复工的做法得到了社会各界的关注，3月2日，以中开高速为代表的"抗疫"公益宣传片被中山市主流媒体广泛宣传，成为建设行业在华南区域扎实做好疫情防控、稳步推进工程建设的典范。中山市政府有关主管部门对本次抗疫公益宣传片给予了高度赞扬。

2021年是中开高速建设的关键之年，按照工程建设计划，中开项目实现江门段四起点至双水段（不含银洲湖特大桥）的交工验收，完成中山段宝裕枢纽及指南大桥的交工验收，中山段二期工程将逐步进入桥梁上部结构及下穿隧道主体节段的施工高峰期。中开项目全体参建人员将毫不动摇抓好常态化疫情防控工作，科学安排工期，合理配置资源，严控工程质量，有效推进项目建设工作，为圆满实现年度建设目标努力奋斗！

（原载中国电建网2021年3月12日）

附——

集团江习高速建设者与驻地儿童欢度"六一"

5月26日,电建路桥公司江习高速公路项目团员青年前往江习高速公路第二、第三分部驻地附近的茶坝小学、庙垭小学,向两所小学的小朋友送去"六一"节日慰问。茶坝小学、庙垭小学共有幼儿园及一年级、二年级小学生53人,90%以上的孩子为留守儿童,孩子们家境相对贫困。

在慰问活动中,江习高速建设者们为孩子们带来了爱国主义小课堂、小提琴演奏、讲故事、木偶剧、老鹰捉小鸡等节目,并送去了书包、文具、课外书、文体用品、牛奶、粽子等慰问品。为表示感谢,孩子们也现场表演了《春天在哪里》《娃哈哈》《采蘑菇的小姑娘》等舞蹈,活动内容形式多样,氛围温馨融洽。最后,孩子们为江习高速建设者戴上了鲜艳的红领巾,并在团旗下合影留念。

此次活动,不仅为山区留守儿童送去了关爱,为江习高速公路建设融洽了外部环境,还彰显了中国电建路桥建设地方、服务地方、造福地方的良好社会责任感。

(原载中国电建网2017年5月27日)

建筑企业新闻撰写
——拓展篇

03

认知心理学提出，注意、知觉、表象、记忆、创造性、问题解决、言语和思维等均是人在认知过程中的信息加工，实现人对一个陌生企业的感知，传播是唯一的办法和途径。企业新闻作为企业传播最重要的手段，其根本使命就是塑造企业品牌、推广企业文化、宣传企业理念、延续企业生命，实现企业新闻的有效传播，从而实现企业新闻的价值。

企业新闻撰写基础篇可帮助初入职建筑企业基层单位通讯员就建筑企业新闻基础撰写与组织方法进行学习，那么在具体写作过程中，如何开拓基层单位新闻工作者的思路？如何让基层通讯员在身兼数职的繁忙工作中找出本单位的新闻亮点？如何利用企业新闻展现好自身单位成果与业绩？如何利用企业新闻将众多看上去都差不多的基层单位打造得成绩斐然、与众不同呢？

本篇从建筑企业基层单位角度，从宣传时代主流声音、主动发声、站位要高、要有灵魂、标题要勾"魂"、学会"沾亲带故"、学会抱团取暖、要胆大更要心细、做个熟悉的"陌生"人等方面，从企业新闻写作实例入手，拓展讲解国有建筑企业基层单位在写作企业新闻方面的几个问题。

宣传时代主流声音

坚持正确舆论导向，是企业宣传舆论工作的核心。企业新闻工作各个方面、各个环节都要坚持正确舆论导向。

2019年1月25日，中共中央政治局就全媒体时代和媒体融合发展进行了集体学习，习近平总书记强调，要运用信息革命成果，推动媒体融合向纵深发展，做大做强主流舆论，巩固全党全国人民团结奋斗的共同思想基础。[1]

中央建筑企业作为国家建筑领域企业的"领头羊"，传播新时代主流媒体好声音，推动党的声音进入建筑行业各个环节，责无旁贷、义不容辞，企业新闻从业人员应更

---

[1] 谢新洲. 人民要论：推动媒体融合向纵深发展[EB/OL]. (2019-03-26) [2023-02-23]. http://theory.people.com.cn/GB/nl/2019/0326/c40531-30995795.html.

加积极主动承担责任，让党的主张成为时代最强音，在建筑领域竭力传播新时代主流媒体好声音。

那么，对于企业基层单位来说，如何将时代主流的声音与企业改革发展相关联，利用企业改革发展成果宣传好企业业绩？国家领导人、省市主要领导关注、视察建筑企业工程建设情况的节点无疑是最重要、最适合展开宣传的时机。

2020年6月29日，新华社报道了《习近平对金沙江乌东德水电站首批机组投产发电作出重要指示》的新闻。在看到该新闻后，笔者与企业相关部门就企业参与乌东德水电站的具体情况进行核实，在原报道结尾处加入这样一段企业参与工程建设的表述"2013年，电建路桥公司中标乌东德水电站公路第二标段，公路起于云南省昆明市禄劝县大母楚，经大母楚、打基沟、邝家凹子、顾家凹子等终于汤德村，属乌东德水电站建设前期进场道路，公路于2014年3月1日全面开工建设，道路的顺利推进为乌东德水电站的后续建设提供了有力的支持。"

文章刊发后，许多同事和朋友相继传达学习报道，并通过其他渠道反馈说，原来我们（你们）也参与过乌东德水电站建设啊！太了不起了！

宣传时代主流的声音不仅要目光向上，更要目光向下，这样才能获得第一手的资料，掌握企业宣传的主动权。2016年4月，笔者所属京津冀分公司专家代表中国电建在中共中央组织部主办、住房城乡建设部承办的"学习贯彻中央城市工作会议精神——城市地下综合管廊、海绵城市及城市基础设施建设"专题研究班上作经验交流发言。会后笔者与分公司参会人员及时交流会议情况，第一时间撰写了新闻稿件，上报到中国电建集团，稿件先后发表在《中国电力建设报》和国务院国资委网站。

宣传好时代主流的声音，不仅表现在追随国家、省市领导与各级政府部门脚步方面，而且在大众关注的社会热点方面，国有企业也应根据企业实际，予以正面积极回应，展现国有企业践行使命、服务人民的正面形象。特别是企业运营的新媒体平台，要切实培养运营人员对热点的敏感度，建立开放与相对固定的信息渠道来源，善于运用、利用各类热点，更多地增加企业的曝光率，提升企业形象和品牌影响力。

附——

习近平对金沙江乌东德水电站首批机组投产发电作出重要指示

6月29日，中共中央总书记、国家主席、中央军委主席习近平对金沙江乌东德水电站首批机组投产发电作出重要指示，代表党中央，对首批机组投产发电表示热烈的祝贺，向全体建设者和为工程建设作出贡献的广大干部群众表示诚挚的问候。

习近平强调，乌东德水电站是实施"西电东送"的国家重大工程。希望同志们再接再厉，坚持新发展理念，勇攀科技新高峰，高标准、高质量完成后续工程建设任务，努力把乌东德水电站打造成精品工程。要坚持生态优先、绿色发展，科学有序推进金沙江水能资源开发，推动金沙江流域在保护中发展、在发展中保护，更好造福人民。

乌东德水电站首批机组投产发电仪式29日以视频方式举行，在北京设主会场，云南、四川等地设分会场，仪式上传达了习近平重要指示。中国电建集团党委副书记王斌在主会场出席仪式。

乌东德水电站位于云南省昆明市禄劝县和四川省凉山州会东县交界处，由中国长江三峡集团有限公司于2015年12月全面开工建设，总装机容量1020万千瓦，年均发电量389.1亿千瓦时。水电站全部机组计划于2021年7月前建成投产。

乌东德水电站是我国第四座、世界第七座跨入千万千瓦级行列的巨型水电站。2013年，电建路桥公司中标乌东德水电站公路第二标段。公路起于云南省昆明市禄劝县大母楚，经大母楚、打基沟、邝家凹子、顾家凹子等终于汤德村，属乌东德水电站建设前期进场道路。公路于2014年3月1日全面开工建设，道路的顺利推进为乌东德水电站的后续建设提供了有力的支持。

（原载中电建路桥集团有限公司网 2020年7月30日）

> 附——

中国电建城市水环境治理经验成全国市长专题研究班案例

4月12—21日,由中共中央组织部主办、住房城乡建设部承办的"学习贯彻中央城市工作会议精神——城市地下综合管廊、海绵城市及城市基础设施建设"专题研究班在全国市长研修学院举办。受住房城乡建设部全国市长研修学院邀请,中国电建集团市场经营部、电建路桥环境公司代表结合实际案例,向参与培训的各地政府领导讲解了中国电建在"海绵城市"、城市水环境综合治理上的典型经验、理念和做法。来自南京、武汉、西安、南宁、沈阳、拉萨等34个市(地、州、盟)党委、政府负责人以及新疆生产建设兵团师市负责人参加了本次学习研讨。

作为世界上成立时间最早、规模最大、业绩最好从事水电建设的世界五百强企业,中国电建集团在水环境治理方面的历史和经验有着同类企业无法比拟的优势。遵循"辨证施治"、全流域统筹、多策并举的理念,着眼于"治理好一条河道,改变一座城市",中国电建注重从水环境治理方面助力各地提升城市价值、城市文化以及城市品牌,研究水系、环境与城市发展的同步推进,先后参与了多地绿色生态城市体系的打造。

通过发挥从规划设计到施工建造再到投资运营的一站式服务能力,中国电建集团实施的陕西富平县石川河水环境综合治理、成都兴隆湖水环境综合治理、武汉"海绵城市"建设等多个水环境及海绵城市领域工程成为国内水环境治理的典型,正在实施的深圳茅洲河水环境综合治理等大型水环境综合治理项目处于紧张有序的建设中。

在培训中,中国电建在城市水环境治理方面的先进技术和明显实效引起了多地参训领导的浓厚兴趣。据了解,此次培训是中共中央组织部、住房城乡建设部学习贯彻中央城市工作会议精神的重要举措之一,是继省部班之后,住房城乡建设部承办的第一期市长班。旨在通过培训,进一步统一思想、提高认识、交流经验、增强学习贯彻中央城市工作会议精神的主动性和自觉性。

(原载国务院国资委网站2016年4月22日)

主动发声

2020年12月23日,中国电建路桥投资建设的重庆市渝西水资源配置工程实现了全面开工。该工程全面开工前,重庆分公司在12月22日就上报了新闻通稿预备稿件,因参与开工仪式的重庆市领导讲话内容不确定,在重庆市官方报道出来后的12月24日,公司才完善新闻稿件,并报上级单位展开相关报道。

23日和24日,重庆市人民政府网、中国政府网先后刊载了渝西项目开工相关新闻。通过对比不同平台的新闻稿件,笔者发现,虽然主体意思相同,但各媒体平台发布的新闻根据自身受众不同,在内容上存在一些差别。中国政府网的稿件中未出现重庆市政府领导及企业名称、企业领导姓名;重庆市人民政府网的稿件偏重重庆市政府主要领导及国家相关部门出席领导的讲话精神,对工程总体概况及企业情况介绍较少。

根据主流媒体新闻内容改编发布在企业媒体平台上的稿件,则从企业角度补全了本企业参加相关活动的领导人员,对参建、承建及相关合作单位进行了宣传,并公布了企业独家掌握的工程建设目标与计划等。从此稿发布在不同媒体平台引起的反响来看,只有做到主动发声,企业新闻才能达到宣传企业的目的。

企业要想主动发声,应先建立对外宣传平台、完善企业内部宣传体系、培育企业自有宣传力量,发挥好企业宣传的主导作用,以实现企业宣传的价值。

> 附——

重庆：渝西水资源配置工程开工惠及近1000万人

新华社重庆12月23日电（记者李松），23日，重庆渝西水资源配置工程全线开工。该工程建成后，将惠及人口近1000万，为成渝地区双城经济圈建设提供重要水源保障。

据介绍，渝西地区位于成渝城市群主轴线上，是成渝地区双城经济圈的重要组成部分，但受地理环境制约，区域内水资源短缺问题突出，人均拥有水量仅581立方米，低于重庆平均水平。

重庆开工建设的渝西水资源配置工程，总投资达到143.45亿元。工程将从长江、嘉陵江、涪江取水，新建泵站20座，调蓄水库3座，新建输水管道、隧洞448公里，工程受益区主要覆盖沙坪坝、九龙坡、北碚、江津等11个区和重庆高新区。

渝西水资源配置工程建成后，年供水量10.12亿立方米，其中城乡生活用水4.67亿立方米，工业用水5.45亿立方米，惠及人口近1000万，将有效改善渝西地区缺水现状，优化供水格局，提升区域供水安全保障能力。

（原载中国政府网2020年12月23日）

附——

渝西水资源配置工程全线开工 工程投用后年供水量达10亿立方米 惠及人口近1000万 陈敏尔宣布开工 唐良智、叶建春致辞

12月23日,渝西水资源配置工程全线开工。市委书记陈敏尔宣布项目开工,市委副书记、市长唐良智,水利部副部长叶建春在开工活动上致辞。

开工活动在市水利局设主会场,在江津、永川、大足、九龙坡4个区施工现场设分会场。市领导吴存荣、王赋、李明清,中国电建集团董事长晏志勇在主会场出席开工活动。

10时许,陈敏尔宣布:渝西水资源配置工程全线开工。

开工活动现场,陈敏尔、唐良智等听取了我市水源工程建设三年行动、"十四五"水安全保障规划情况汇报,调研水利工作。陈敏尔说,习近平总书记高度重视水利工作,多次发表重要讲话、作出重要指示批示,为我们推进水利事业发展提供了根本遵循。重庆是山水之城,因水而建、因水而兴。"十三五"时期特别是水源工程建设三年行动实施以来,全市水利补短板步伐明显加快,水利事业发展取得显著成绩。"十四五"是我市推动高质量发展的关键时期。要深入学习贯彻党的十九届五中全会和中央经济工作会议精神,着眼于推动成渝地区双城经济圈建设,科学谋划我市"十四五"水利事业发展,全面贯彻"节水优先、空间均衡、系统治理、两手发力"的治水思路,坚持"五水统筹",注重长短结合,以重大项目为抓手,以更加扎实有效的举措推动水利事业高质量发展。要大力推进水利基础设施建设,加快实施跨区域重大蓄水、提水、调水、防洪工程,提升水资源优化配置和水旱灾害防御能力,提高水安全保障水平。要协同高效推进水资源保护,统筹好水的资源功能、环境功能、生态功能,深化落实河长制,切实保护好长江母亲河和三峡库区水生态环境。要注重水资源节约集约利用,加快形成节约水资源、保护水环境、涵养水生态的空间格局、产业结构、生产方式和消费模式。

唐良智在致辞中代表市委、市政府对水利部、中国电建集团及国家相关部委的大力支持表示感谢，对工程全线开工表示祝贺。他说，近年来，重庆深入实施水源工程建设三年行动，大力推进水利基础设施建设，与经济社会发展相适应的水资源保障体系正加快形成。渝西水资源配置工程建成后将有效解决渝西地区工程性缺水问题，为推动成渝地区双城经济圈建设和"一区两群"协调发展提供有力支撑。我们将加强工程统筹协调，做好资源要素保障，科学安排施工组织，落实安全生产责任，努力把渝西水资源配置工程建设成为治水兴水的标志性工程、服务发展的示范性工程。

叶建春在致辞中指出，渝西水资源配置工程作用巨大，不仅可以有效缓解渝西地区的缺水情势，还可以退还被挤占的农业灌溉和生态环境用水，经济、社会和环境效益显著。各参建单位要周密组织、科学施工、严格管理，将其建设成服务成渝地区双城经济圈等国家重大战略的水安全保障工程、厚植绿色发展理念的水生态工程、顺应人民高品质生活需要的民心工程。

据介绍，渝西水资源配置工程是我市投资最大、受益人口最多的重大水利民生项目，系国务院2020—2022年150项重大水利工程之一。项目总投资约143.45亿元，覆盖我市长江以北、嘉陵江渠江以西区域，涉及沙坪坝、九龙坡、北碚、江津、合川、永川、大足、璧山、铜梁、潼南、荣昌11个区和重庆高新区，计划新建泵站20座、调蓄水库3座、输水管道367公里、隧洞81公里。工程投用后，将有效优化渝西地区水资源配置，实现水资源互联互通、互调互济，年供水量达10亿立方米，惠及人口近1000万。

区、市有关部门负责人和建设施工单位代表参加。

（原载重庆市人民政府网 2020 年 12 月 24 日）

附——

公司总承包的重庆渝西水资源配置工程全线开工

12月23日,由公司110.47亿元EPC总承包的国家重大水利工程——重庆渝西水资源配置工程全线开工,标志着该工程进入全线建设新阶段。重庆市委书记陈敏尔宣布项目开工,市委副书记、市长唐良智,水利部副部长叶建春出席开工仪式并讲话;公司党委书记、董事长晏志勇,党委副书记、总经理丁焰章应邀分别在主、分会场出席开工仪式。

陈敏尔指出,重庆是山水之城,因水而建、因水而兴。"十四五"是重庆市推动高质量发展的关键时期。要深入学习贯彻党的十九届五中全会和中央经济工作会议精神,着眼于推动成渝地区双城经济圈建设,科学谋划我市"十四五"水利事业发展,全面贯彻"节水优先、空间均衡、系统治理、两手发力"的治水思路,坚持"五水统筹",注重长短结合,以重大项目为抓手,以更加扎实有效的举措推动水利事业高质量发展。要大力推进水利基础设施建设,加快实施跨区域重大蓄水、提水、调水、防洪工程,提升水资源优化配置和水旱灾害防御能力,提高水安全保障水平。

唐良智在致辞中代表市委、市政府对水利部、中国电建集团及国家相关部委的大力支持表示感谢,对工程全线开工表示祝贺。他说,近年来,重庆深入实施水源工程建设三年行动,大力推进水利基础设施建设,与经济社会发展相适应的水资源保障体系正加快形成。渝西水资源配置工程建成后将有效解决渝西地区工程性缺水问题,为推动成渝地区双城经济圈建设和"一区两群"协调发展提供有力支撑。

叶建春在致辞中指出,渝西水资源配置工程作用巨大,不仅可以有效缓解渝西地区的缺水情势,还可以退还被挤占的农业灌溉和生态环境用水,经济、社会和环境效益显著。各参建单位要周密组织、科学施工、严格管理,将其建设成服务成渝地区双城经济圈等国家重大战略的水安全保障工程、厚植绿色发展理念的水生态工程、顺应人民高品质生活需要的民心工程。

据了解，渝西水资源配置工程是重庆市投资最大、受益人口最多的重大水利民生项目，系国务院 2020—2022 年 150 项重大水利工程之一。项目覆盖重庆市长江以北、嘉陵江渠江以西 11 个区和重庆高新区。工程投用后，年供水量达 10 亿立方米，惠及人口近 1000 万，将有效缓解渝西地区缺水现状，优化渝西地区水资源配置，提升城市供水安全保障能力，切实改善农业灌溉条件和水生态环境，实现水资源互联互通、互调互济，为成渝地区双城经济圈建设和"一区两群"发展提供坚实的水利支撑。

该项目由电建路桥公司牵头与电建华东院和水电五局、水电十四局、水电十五局 5 家单位组成的联合体中标，施工总工期为 54 个月。公司按照重庆市委、市政府和水利部的工作要求，发挥"懂水熟电、擅规划设计、长施工建造、能投资运营"的全产业链一体化优势，加大资源投入，优化资源配置，充分利用信息技术和数字技术，优质、安全、高效地完成建设任务，为成渝地区双城经济圈建设作出积极贡献。

重庆市委常委、常务副市长吴存荣，市委常委、秘书长王斌，副市长李明清，区、市有关部门负责人，公司总部有关部门负责人、相关子企业领导、参建单位的建设者代表参加了开工活动。

（原载中国电建网 2020 年 12 月 24 日）

站位要高

在日常新闻编辑审核工作中,总有通讯员反馈某个新闻点很好,但为什么报送到上级单位或者外部媒体总是被退稿呢?

2016年3月,笔者所在企业投资建设的邛名高速通过竣工验收,所属成名公司及时组织并上报了新闻稿件,新闻稿件要素及细节也比较完整。作为项目公司自己发布的稿件,笔者认为这篇稿子是满足要求的,但如果发布在上级的宣传平台上,稿件站位就不够高。具体表现在以下几个方面。

一是原稿引语中"2016年3月24日,邛名高速公路项目竣工验收会在四川省交通运输厅顺利召开。邛名高速公路建设管理综合评分95.11分,建设项目综合评分93.18分,工程建设项目综合评价等级为优良,工程质量得分92.84分,工程质量等级评定为优良,四川省交通运输厅竣工验收委员会同意邛名高速公路通过竣工验收"。这部分文字精练性不足,介绍的细节过碎,与后文"邛名高速公路竣工验收开创了四川省BOT模式建设的高速公路竣工验收的新篇章,同时也是四川省近8年来进行竣工验收的第一条高速公路项目"等文字表现的内容不在一个层次上,拉低了稿件引语整体的高度。

二是"路桥公司副总经理××指出……""××× 提出,成名公司虽然是高速公路运营行业……""公司总经理××× 就竣工验收工作多次召开专题会议。他指出……"等类似文字存在以下级单位领导指导上级单位或同级别单位的情况,这是不合适的。

三是上报上级单位媒体平台的稿件，没有从上级单位发布平台的角度调整内容，对于上级单位媒体平台来说，宣传价值不明显。

四是原稿标题及文字逻辑性不强、精练性不足会使读者的关注度下降，这也是企业消息类新闻一般要求一事一文且文字简短、精练的原因所在。

结合这几个方面的问题，笔者对原新闻素材进行提炼、整合，并结合上报平台的特点分别进行了调整，后被中国电建网站、国务院国资委网站转载。

在新闻写作实践中，不同级别的媒体平台分别有着自身对外宣传的着重点，有自身针对性的受众，作者在新闻稿件报送前应换位思考，并针对不同媒体平台进行适当的调整，以满足相应媒体发布平台的需求。稿件如果不能契合宣传平台的需求，退稿是必然的。

对于不同媒体，有一种观点是所有媒体平台都能通用或者说都能被认可的，那就是从国家的角度、从使用者的角度、从以人民为中心的角度，讲述广大读者喜闻乐见的事件，剖析并提出对读者、同行、用户具有学习、借鉴等实际价值的观点。这也正是企业在践行建设地方、服务地方实际行动中勇于承担企业责任的具体举措。而以人民为中心，报道企业服务使用者落实国家或区域战略的举措与成果，不仅可以提升企业新闻站位，还是提高企业新闻上稿率的有效途径。

附——

> 是终点，更是起点
> ——邛名高速公路在四川省 BOT 高速公路项目中首家通过四川省交通运输厅竣工验收

2016 年 3 月 24 日，邛名高速公路项目竣工验收会在四川省交通运输厅顺利召开。邛名高速公路建设管理综合评分 95.11 分，建设项目综合评分 93.18 分，工程建设项目综合评价等级为优良，工程质量得分 92.84 分，工程质量等级评定为优良，四川省交通运输厅竣工验收委员会同意邛名高速公路通过竣工验收。邛名高速公路竣工验收开创了四川省 BOT 模式建设的高速公路竣工验收的新篇章，同时也是四川省近 8 年来进行竣工验收的第一条高速公路项目。

邛名高速公路从 2008 年开始建设，项目建设面临"5·12"汶川地震抗震救灾、征地拆迁滞后、雅安名山多雨等诸多不利因素，当时所有的行业管理者和建设者都认为邛名高速 2010 年 11 月通车是不可能完成的任务。路桥公司副总经理 ×× 指出，成名公司和邛名总承包部要坚定信心、统一思想，充分调动各标段的积极性，配合各标段多获得母体工程局支持，总承包部要站在全局高度合理安排各标段施工任务和资源调配，倒排工期不但排到季和月，更要细化到每一天，合理安排平行施工，确保同一位置多家单位施工互不干扰，在确保施工安全和工程质量的前提下抓住一切施工有利时机，将滞后的工期抢回来，全力以赴确保邛名高速公路按期通车。经过成名公司和总承包部全体人员的不懈努力，邛名高速用时不到两年半就保质保量地完成了所有建设任务，在四川省高速公路建设领域创造了一个奇迹。

2009 年在项目建设进行得如火如荼的阶段，成名公司在抓建设的同时，成立了由路桥公司 ××× 任组长的运营筹备领导小组，全力负责通车运营相关的筹备工作。运营筹备与建设期同步倒排时间，邛名建成前夕运营筹备工作也全部完成，打破了四川省高速公路建成通车试运行，因为运营收费批文和相关准备没跟上，向社会免费开放

2~3个月的"惯例"。

2010年11月9日，邛名高速公路正式通车运营，为将建设期间不怕困难迎难而上的精神和创造奇迹的创造力很好地延续到运营团队，×××提出，成名公司虽然是高速公路运营行业里的"新兵"，但是我们要打造一支优质、高效、专业的管理团队，整个集团没有从事过高速公路运营，虽然没办法给予我们太多的支持和帮助，但也是我们展示自己的机会，邛名高速公路运营工作务必要做到"行业一流，BOT领先"。在运营期间，成名公司克服了老318国道重建后对邛名高速公路车流量严重分流、节假日免收小型客车通行费、"4·20"地震邛名高速公路全线免费通行、货车入口治超、正常装载货车7~8折优惠等诸多不利影响，积极想办法寻求车流量新增长点和突破口。2015年，四川省高速公路受政策影响通行费收入普遍负增长时，成名公司通行费收入仍保持10%以上的增长。

邛名高速公路竣工验收因政策原因，审计结果得不到行业主管部门确认，无法开展竣工验收工作，四川分公司高度重视邛名高速公路竣工验收工作，公司总经理×××就竣工验收工作多次召开专题会议。他指出，邛名高速公路竣工验收工作是成名公司的头等大事，在竣工验收工作上四川分公司要尽全力给予支持，竣工验收工作中碰到难点和障碍成名公司要认真分析，把存在的问题认真分析后拆分开来点对点地解决，务必确保竣工验收工作加速推动。在竣工验收工作内部资源调配上，他强调指出，邛名高速公路竣工验收领导小组要站在分公司的层面去考虑内部资源调配问题，只要竣工验收工作需要，分公司的人员和资料都可以进行调配。四川分公司的大力支持和帮助对邛名高速公路竣工验收工作起到了至关重要的推动作用。

3月23日，四川省交通运输厅、四川省交通警察总队、成都市交通运输委员会、雅安市交通运输局及相关行业主管单位和部门组成20余人的竣工验收专家组，对邛名高速公路路基路面、桥梁、交安设施、服务设施及环境保护、内业资料等5个方面进行评审。成名公司竣工验收工作领导小组组长×××、副组长×××陪同四川省交通运输厅专家组一行，并细致地向专家组讲解邛名高速公路建设和运营情况，专家组对成名公司建设和运营期间各项工作均表示肯定，特别是对中电建路桥的项目建设管理工作给予了高度认可，认为其对项目建设控制点和重大节点的管控非常到位。专家组指出，项目建设控制点和重大节点的管控是项目建设成败的关键所在，中电建路桥集团在这方面的管控经验值得其他的高速公路建设单位学习和推广。

邛名高速公路顺利通过竣工验收开创了四川省 BOT 高速公路建设项目的新篇章，同时也为路桥集团下一步的高速公路建设竣工验收积累了工作经验。邛名高速公路作为四川省第一条建设完成的 BOT 高速公路，现在又是第一条完成竣工验收的 BOT 高速公路，充分展示了中电建路桥在四川高速公路建设领域"能打仗、打胜仗"的企业风采，进一步提升了"中国电建路桥"品牌在四川的影响力。

邛名高速公路顺利通过四川省交通运输厅竣工验收，为项目建设画上了完美的句号，这对成名公司来说是一个终点，但更是起点。成名公司在以后的运营管理工作中，将继续秉承路桥集团公司的优良传统，在运营管理工作上再创佳绩。

（初始稿 2016 年 3 月 28 日）

附——

集团投资建设的邛名高速公路通过竣工验收

日前，经 2 年多建设期和 5 年多的试运营，由集团投资建设的邛名高速公路项目顺利通过四川省交通运输厅竣工验收。作为四川省第一个特许专营的高速公路项目，邛名高速公路项目成为四川省近 8 年来第一条通过竣工验收的高速公路 BOT(Build-Operate-Transfer，即建设—经营—转让)项目。

建设期历经"5·12"汶川地震，加上征地拆迁难题和雅安名山区域多雨等不利因素，四川省交通系统领导和业主方都认为按原计划时间实现邛名高速通车属于不可能完成的任务，但中国电建各参建单位统一思想、坚定信心，充分调动各方的积极性，抓住一切施工有利时机，倒排工期，赶抢工程建设，于 2010 年 11 月 9 日顺利实现通车，在四川省高速公路建设领域创造了一个奇迹。

在试运营期，中国电建邛名高速运营组确立了"行业一流，BOT 领先"的高标准运营目标，严格执行四川省交通部门相关要求，强化运营管理。先后克服老 318 国道重建车流量严重分流、节假日免费通行、2013 年 4 月 20 日雅安地震全线免费通行、货车入口治超、正常装载货车减少收费等政策影响，积极寻求车流量的新增长点和突破口，在 2010 年至今的试营运期间，邛名高速通行费收入保持了较快增长，并先后多次被四川省交通系统列为高速公路运营管理示范单位，接待来自全国各地观摩学习团的观摩学习。

作为工程建设施工全过程中的最后一个环节，邛名高速公路的竣工验收，为项目建设画上了完美的句号，高速公路正式步入运营期。此次竣工在为集团公司其他同类项目建设积累经验的同时，更展示了中国电建在基础设施建设领域全产业链的建设和管理实力，彰显了"中国电建""中国电建路桥"在工程建设中服务地方、服务业主、服务人民、甘于奉献、诚信履约的中国大型国有企业应有风范。

（原载中国电建网 2016 年 4 月 7 日）

附——

中国电建投资建设的邛名高速公路通过竣工验收

日前，经 2 年多建设期和 5 年多的试运营，由中国电建集团投资建设的邛名高速公路项目顺利通过竣工验收。作为四川省第一个特许专营的高速公路项目，邛名高速公路项目成为四川省近 8 年来第一条通过竣工验收的高速公路 BOT（Build-Operate-Transfer，即建设—经营—转让）项目。

在试运营期，中国电建邛名高速运营组确立了"行业一流，BOT 领先"的高标准运营目标，严格执行四川省交通部门相关要求，强化运营管理。先后克服老 318 国道重建车流量严重分流、节假日免费通行、2013 年 4 月 20 日雅安地震全线免费通行、货车入口治超、正常装载货车减少收费等政策影响，积极寻求车流量的新增长点和突破口，在 2010 年至今的试营运期间，邛名高速通行费收入保持了较快增长，并先后多次被四川省交通系统列为高速公路运营管理示范单位，接待来自全国各地观摩学习团的观摩学习。

此次竣工验收展示了中国电建在基础设施建设领域全产业链的建设和管理实力，彰显了"中国电建"在工程建设中服务地方、服务业主、服务人民、甘于奉献、诚信履约的中国大型国有企业应有风范。

（原载国务院国资委网 2016 年 4 月 8 日）

要有灵魂

建筑企业在长期服务国家基础设施建设中建立了良好的声誉，如同鸟儿筑巢一样，每一个环节、每一项工程、每一个项目都是塑造良好企业形象、品牌形象的坚实基础。树立企业形象和打造企业品牌是长期的工程，所有企业新闻都要围绕树立企业形象和打造企业品牌的目标服务，而这就是企业新闻或者说企业宣传的"灵魂"。

企业基层单位该如何在企业新闻中围绕企业形象和品牌做文章？怎么将企业品牌和企业形象融入日常企业新闻？又该如何让基层单位拥有自身的特有灵魂？

笔者一直在思考，如果一个项目中标了，在撰写的中标新闻里，要不要讲讲企业项目建设管理理念？要不要讲讲企业历史沿革？要不要讲讲项目后期展望？

在一项工程开工建设的新闻稿件里，在综述企业开工建设的同时，要不要讲讲企业工程安全质量文化？要不要列举一下企业在类似工程中的管理亮点？要不要讲讲项目确保工程进展落地的创新举措？

一个项目获得某项表彰，新闻稿在阐述基本新闻要素的同时，要不要讲讲企业文化？要不要讲讲企业目标？要不要讲讲企业精神和企业使命？

综上所述，为企业新闻赋予灵魂，无非是结合稿件内容，融入企业文化、企业理念方面的内容。而企业文化能用到企业宣传稿件中的无非是以下几个方面：企业目标、企业理念、企业精神、企业价值观、企业使命、企业传统等。根据实际情况将企业文化中相对适宜的内容融入每篇新闻稿件，强化企业的正面形象和品牌的正面形象宣传，最终形成一个系统的、有目的性的企业宣传体系，从而为企业宣传、企业新闻赋予灵魂。

那么，企业新闻的灵魂应该从哪里找？或者说企业文化、企业理念在具体新闻写作时从哪里找文字内容？

企业新闻的灵魂首先来自企业的上级单位，来自企业的历史，来自企业成立的背景，来自企业成立的目标；其次来自企业领导的言论，来自企业领导团队的管理哲学、管理理念，来自企业核心领导团队管理实践；最后来自企业所在地域的文化与传统，来自企业员工的行为和个人价值观。此外，建筑企业新闻的灵魂还来自企业产品、来自工艺、来自科技、来自安全、来自质量、来自服务等方方面面。宣扬企业工作、产品的优势或特质，都应该是企业通过企业新闻树立形象和打造品牌的目标导向。

在日常企业新闻工作中，企业新闻工作者应始终坚持为所在单位树立形象，为所在项目展示成绩，宣扬好身边先进和模范，引导广大员工凝心聚力，为企业的更好发展创造良好的外部舆论环境，这是企业宣传人员的职责与使命。企业新闻的灵魂就是宣传企业，一篇企业新闻稿件如果没有相关宣传企业的内容，如果不能实现宣传企业的目的或者为树立企业良好形象服务，就属于无效新闻，没有撰写的必要了，而企业各级宣传工作人员存在的意义也在于此。

如"电建路桥公司获'中关村高新技术企业'认证"一稿的结尾，"路桥公司自成立以来，大力实施'科技兴企'战略，以'创新科技体系、打造核心技术、分享技术信息、实现技术营销'为核心理念"这句则是通过表述企业科技战略、科技发展理念的方式，对外传播企业在科技兴企方面的理念与举措。

"公司案例成为山东省唯一入选自然资源部'生态产品价值实现'典型案例"一稿则以工程获得的荣誉为引子，层层递进地宣传企业举措及理念。主体部分"电建路桥公司联合地方政府和行业顶尖设计单位，将项目建设与生态修复、产业发展、生态产品价值实现进行一体规划、一体实施，优化调整修复区域国土空间规划，对原有煤矿采空塌陷区开展立体式的生态修复，带动了后续产业建设"，阐述了企业实际工作举措。结尾部分"电建路桥公司高度重视生态产品价值实现探索工作，并将其纳入项目全生命周期管理中统筹推进。通过项目的具体实施，将无形的生态系统服务价值转化为有形的经济效益，构建了政府市场双向发力、多方参与共赢的生态产品价值实现机制，促进了经济效益与生态效益的同步提升，为其他地区实现生态价值转换，推动社会经济绿色发展提供了有益借鉴"等文字将企业举措提升至企业机制层面，使稿件整体层次分明、层层递进。

附——

电建路桥公司获"中关村高新技术企业"认证

日前，北京市中关村科技园区管委会对电建路桥公司科技研发投入、科技活动产出、科技成果转化、专利情况等各方面进行了全面的考察和评审，认定路桥公司为"中关村高新技术企业"。

高新技术企业是指在国家重点支持的高新技术领域内，持续进行研究开发与技术成果转化，形成企业核心自主知识产权，并以此为基础开展经营活动，是知识密集、技术密集的经济实体。目的是引导企业调整产业结构，走自主创新、持续创新的发展道路，激发企业自主创新的热情，提高科技创新能力。

路桥公司自成立以来，大力实施"科技兴企"战略，以"创新科技体系、打造核心技术、分享技术信息、实现技术营销"为核心理念，坚持把自主创新和科技进步作为推动基础设施事业发展的强大动力，积极推进科技创新体制改革和科技创新平台建设，科技创新工作不断深入，科技成果数量和质量均有大幅度提高。该证书的取得，使公司充分享受税收减免优惠政策，为提升"中国电建路桥"品牌形象，提高公司市场和资本价值，同时，也为公司申请"国家级高新技术企业"奠定了坚实基础。

（原载中国电建网 2015 年 8 月 11 日）

附——

公司案例成为山东省唯一入选自然资源部"生态产品价值实现"典型案例

11月3日，自然资源部公布了《关于生态产品价值实现典型案例的通知》（第二批），向各地推荐10个国内外生态产品价值实现典型案例，电建路桥公司"山东省邹城市采煤塌陷区治理促进生态产品价值实现案例"是山东省唯一入选案例。

在山东邹城项目实施中，电建路桥公司联合地方政府和行业顶尖设计单位，对项目建设与生态修复、产业发展、生态产品价值实现进行一体规划、一体实施，优化调整修复区域国土空间规划，对原有煤矿采空塌陷区开展立体式的生态修复，带动了后续产业建设。项目的实施将昔日的矿坑废墟转变为生态良好的5A级景区，将区域生态价值转变为经济价值，实现了区域生态环境持续向好、产业结构持续优化，生态效益、经济效益和社会效益和谐发展的良好局面。

长期以来，电建路桥公司高度重视生态产品价值实现探索工作，并将其纳入项目全生命周期管理中统筹推进。通过项目的具体实施，将无形的生态系统服务价值转化为有形的经济效益，构建了政府市场双向发力、多方参与共赢的生态产品价值实现机制，促进了经济效益与生态效益的同步提升，为其他地区实现生态价值转换，推动社会经济绿色发展提供了有益借鉴。

（原载中国电建网2020年11月23日）

标题要勾"魂"

常写新闻稿件的人都知道,新闻好写,标题难作!新闻稿件标题作为一篇新闻稿件的灵魂,其好与坏直接关系到读者阅读新闻的第一感受。一个好的标题,不仅可以激起读者内心的波澜,拨动读者的心弦,磁石般吸引读者去读新闻,而且能够增强文章的可读性和艺术感染力。

反过来说,一个不好的标题,也许会使一条极有价值的新闻从读者的眼皮底下滑过去。因此说,提炼好的新闻标题不仅是编辑的职责,也是记者、通讯员的职责。

2015年3月,烟台项目发来关于公司劳动模范刘道青同志的宣传稿件,初稿的标题和文内小标题就让人眼前一亮:

垒土之路

——记2015年度路桥集团劳动模范刘道青

中国古代哲学家老子说,"合抱之木,生于毫末;九层之台,起于垒土;千里之行,始于足下"。意思是说,伟大的成就正是靠分分秒秒的积累、一点一滴的辛勤劳动获得的。……

垒土之法:永不停歇的"挖掘机"

烟台公司是路桥集团首个民营企业出资比例达20%注册成立的控股子公司……

垒土之助:顺势而为与借势谋定

在2015年工作会上……

垒土之基:平凡的坚守

刘道青一直坚持立足平凡的工作岗位……

垒土之翼:严格的执行力

路桥公司总经理郑久存在2015年工作会上指出……

该通讯稿件主标题新颖、有内涵,但子标题仔细琢磨起来逻辑性不强,相互联系不足,在与作者沟通交流后,笔者最终将标题调整如下:

垒土之路

——记 2015 年度路桥集团劳动模范刘道青

中国古代哲学家老子说……

垒土之道:勤恳与奉献

烟台公司是路桥集团……

垒土之助:顺势与创新

在 2015 年……

垒土之基:执行与文化

路桥公司……

垒土之翼:坚韧与坚持

刘道青一直……

相比原标题，改动后的标题有两个方面的变化：一是排比、对比手法的运用，使得二级标题内涵更为丰富；二是标题简洁、观点明了，子标题间的逻辑关系清晰，为后续组织文字奠定了基础。

最终修改后的文章被上级单位网站、报纸采用，年度被收入《最美电建人》一书。同年，刘道青同志被中国电建集团授予"最美电建人"荣誉。事后与上级单位编辑老师的沟通中得知，他们都是第一时间看到了令人耳目一新的标题最终决定选用该文章。此外，主标题、内文标题、内文内容的相互呼应，也使得文章加分不少。

在通讯写作中，以下几种修辞手法会经常用到：一是排比手法。如"路，在中原大地上伸展——中国电建郑州项目群'抓发展、稳增长'纪实"一稿的"从'合作'到'合作共赢'的创新之路"小节中，将多个工程建设成绩以排比的方式分别列出，使得文章节奏分明、气势磅礴。二是逻辑关系清晰。该稿的子标题分别为从"发展"到"共谋发展"的历史见证、从"转型"到"转型升级"的积极探索、从"合作"到"合作共赢"的创新之路，进行前后对比形成递进关系，子标题放在一起不仅形成排比，且再次形成递进关系，逻辑关系紧密。三是细节描述。稿中"两天前，张锋的腰受了风寒，一旦坐下去，站起来非常吃力，一旦站起来，又几乎坐不下去。但他在接受采访的一小时里，脸上却始终洋溢着微笑"一段通过细节的描述，对刻画人物形象、烘托文章气氛、把控述事节奏有着重要作用。四是宣传企业领导。企业通讯稿件中一般有着宣传本单位领导的要求，此稿通过有关领导的表述，不仅对领导进行了宣传，也为稿件转换写作内容起到了承上启下的作用，使得宣传领导的文字顺理成章，成为文章不可分割的部分。五是制造冲突与矛盾。通讯稿件一般含有提出问题或矛盾、分析问题或矛盾、解决问题或矛盾的内容，需要注意的是，在文章中应对提出的问题或矛盾完成解答。该稿通过自述问题或借管理人员之口提出问题或矛盾，并列举了大量的数据与事实进行诠释与回答，从而达到肯定企业、宣传企业的目的。

与通讯稿件标题相比较，消息类稿件标题只要求与新闻内容相关联，标题多种多样，如何提炼出一个出色的标题，应该说是没有标准答案的。笔者认为，一个好的消息新闻标题，应该结合具体消息的内容，表达出企业新闻中最想要表达的核心意思，做到准确、简短、简洁。笔者把下列部分标题作为抛砖引玉的素材，推荐给广大企业新闻工作者。

142亿元！中国电建签订杭州大型"PPP+EPC"项目投资协议

37亿元 中国电建集团以品牌优势连续中标3项目

中国电建中标国家海绵城市建设试点项目

国内首例：UHPC组合梁在公司投资建设的中开高速公路首次进入实际应用

公司承建的成都五环路启动工程开工建设：全长142.8公里 串联成都市8个区县

"首件制"现身江习高速 "第一梁"成功预制

1070天！11公里！梁忠高速礼让隧道全线贯通

江习高速公路笋溪河特大桥的那些"秘密"

误差仅0.4毫米 路桥公司首座转体桥转体机构安装完成

8513吨！西南地区单体最重转体桥"空中转体"成功

晋红高速公路服务区完工 抗震等级媲美500米高层建筑水准

复工即大干 开年就高潮：广东中开项目全面吹响复工复产"集结号"

郑州东三环项目核酸检测到工地给复工加"双保险"

一条村道5000人受益——电建路桥公司渝广项目义务帮村民修建村道受好评

附——

刘道青：垒土之路

老子曰，"合抱之木，生于毫末；九层之台，起于垒土"。意思是说，伟大的成就是靠分分秒秒的积累、一点一滴的辛勤劳动获得的。电建路桥公司烟台项目公司总会计师刘道青就是这样一个立足岗位，从小事做起、做实事的人。

作为路桥公司2014年度劳动模范中唯一的女性，刘道青主持的烟台项目公司融资工作在项目主合同签署后不到一个月的时间里即获得了银行信用贷款授信批复。该项融资工作首创了电建集团混合所有制企业基础设施建设BT项目免担保信用贷款方式创新和获批时间的先河。

垒土之道：勤恳与奉献

2014年年初，路桥公司成立了首个民营企业出资比例达20%的子公司——烟台项目公司，其投资建设的烟台金山湾生态城基础设施项目总投资44.14亿元。而在当时《国务院关于加强地方政府融资平台公司管理有关问题的通知》和《关于制止地方政府违法违规融资行为的通知》两个文件的影响下，银行对BT项目，特别是非公路项目、非安居房项目的贷款审批更加谨慎，担保条件更加严格。作为混合所有制的企业，烟台项目更是在电建股份公司规定限制担保的范围内，融资工作相当困难。

不仅如此，其他现实难题也必须面对：一是项目公司2014年1月新成立，业务单一，无资质、无业绩；二是当地银行在本项目之前与电建集团内企业基本无合作先例；三是该项目是烟台市政府第一个大型BT项目，当地银行以前未涉及过如此大的BT项目业务；四是政府提供担保的储备土地不能用于银行贷款的抵押；五是银行认为回购担保不充分；六是烟台项目公司5家股东中有1家是民营企业，不在电建股份公司可担保之列。

困难重重，融资工作如何开展？

没有坐等，没有空谈。刘道青一次又一次地奔波在北京总部和烟台市各大银行之间，请示汇报融资工作及面临的困难和需要上级领导协调帮助的问题，加强和银行的沟通，促进相互了解。在她的组织下，烟台项目公司融资工作机制日趋完善。一份份规范完善的资料适时出现在各大银行相关人员的面前，而她每天都在思考解决之道。

刘道青就是这样一个不知疲倦的人，在其分管的工作范围，为完善一份资料、完善一句措辞、核对一个数据，她自己也不知道到底修改、核对过多少次；身为女性，平时加班加点却已然成为一种常态。因为忙于工作，即便国家规定的假期，她也很少回成都的家，只是尽量在闲暇时给孩子打个电话。

垒土之助：顺势与创新

在路桥公司2015年工作会上，路桥公司在中国经济新常态下对路桥集团的定位是：顺势而为，打造城市或地区基础设施一体化的服务商，始终处于竞争中的优势，提升全员创新的能力。创新是一种能力，特别是模式的创新，需要科学研判，更需要踏实行动。

刘道青没有刻意地追求创新，她只是想合作方所想，以踏踏实实、尽善尽美的本职工作诠释了"创新"这两个字的深刻内涵。

要实现融资必须经过反复沟通、谈判。刘道青除与经办行——农行烟台牟平支行沟通外，还直接向市行、省行及总行推介烟台项目，逐级沟通，不厌其烦地解释，加深银行各级审批人员对本项目的认识，包括项目融资方式、需办手续、审批条件、审批流程、放款条件等。除多次当面商谈外，还时刻电话沟通。刘道青会为了一份资料或者突然想起的某个细节，不自觉地拿起手机就打，根本没有意识到时间很晚人家已经休息或者本来就是节假日。

刘道青深刻理解银行对放款有明确的要求与纪律，为打消银行顾虑，从与银行谈判开始，她就时刻思考从银行角度出发，考虑如何以合理的方法解决担保问题，探索争取银行贷款的新模式。在与银行接洽过程中，除了商讨贷款利率、期限、融资额度等事项外，在沟通中，她和她的团队有了把项目本身价值作为担保的新思路。在与银行坦诚沟通电建集团的担保政策、股东单位的担保能力及项目自身优势后，得到了银行的初步认可；在一系列艰难细致的工作后，她有效促进了银行以新的信用方式设计的贷款方案。至此，项目公司不仅获得了免担保贷款，还有效降低了股东单位及集团公司的资产负债率，也解决了银行贷款发放的顾虑，更与合作银行建立了良好的业务关系，为电建集团所属混合所有制公司基础设施BT项目融资开创出一条新的融资之路。

垒土之基：执行与文化

融资是一项政策性很强的工作，不仅要执行国家融资政策，更要落实电建集团和路桥公司融资工作相关规定。刘道青用行动诠释了什么是真正的执行力。

在与银行谈判过程中，按照路桥公司制定的融资策略，遵从项目公司既定的方案，她坚守底线，从没有丝毫退让。在艰辛的谈判与沟通后，路桥公司烟台项目公司所获取贷款在同等条件下利率处于最低。

融资工作是一个团队协作性要求相当高的系统工程，除了需要上级领导关心支持，项目公司班子成员齐心协力外，还需要经营合同人员的密切配合，更需要项目自身建设形象、进度的支撑。而刘道青和她的团队及时的汇报、到位的沟通、严密的组织、超前的准备为成功融资打下坚实的基础。她也一直把自己作为融资团队的一个细胞，以服务融资需要的实际行动融入这个团队，充分借助团队的优势，切实解决融资工作中遇到的困难，完美诠释了路桥公司团队文化的力量。

垒土之翼：坚韧与坚持

刘道青一直坚持立足平凡的工作岗位，坚守着自己对事业、人生的追求。1990年管理专业专科毕业后,她一边工作,一边学习了金融专业的本科课程,并通过自学考取了注册会计师资格证和经济师、会计师职称,靠的就是执着精神。

在得知自己被评为路桥公司 2013—2014 年度劳动模范的时候,刘道青还有些不相信,她说自己就是做了岗位职责内应该做的,只是坚持按照路桥公司和项目公司的部署开展工作,只是尽最大努力完成了分内工作。自己还有许多地方应该向为路桥公司持续健康发展作出贡献的其他同志认真学习。

这就是刘道青。在面对烟台项目融资任务巨大压力的时候,她选择不等不靠,坚信事在人为;在面对国家政策、集团财务规定支持不足的困难时,她选择迎难而上,且行且思;在面对繁重、高要求的协调工作时,她选择团队协作、合力推进。正是刘道青和她的团队把正常的工作细化到极致,把合作方的顾虑减到最低,从而取得项目融资的成功,也取得了与合作方的共赢。

"九层之台,起于垒土;千里之行,始于足下",相信刘道青及她的团队在今后的工作中必定能以知促行,且行且远。

(原载《中国电力建设报》2015 年 4 月 9 日)

附——

路,在中原大地上伸展
——中国电建郑州项目群"抓发展、稳增长"纪实

河南地处中国之"中",故称"中州"或"中原"。

中国历来有一种说法,叫作"得中原者得天下",它说的是军事,是政治。但在经济领域,这也同样是一句实话,以中原可辐射东、西、南、北四方之故也。

早在 2004 年，国家正式提出"中部崛起"概念，两年后，"中部崛起"上升为国家战略，由此掀起了中部地区经济你追我赶的发展浪潮。

原本，河南不是中国电建的重点市场。小浪底水利枢纽工程之后，除却世界上规模最大的跨流域调水工程——南水北调工程经过河南之外，中国电建在河南没有大块头可圈可点的工程建设。

但，这种状况在 2012 年宣告结束。

2012 年，郑州市因为日益加剧的交通拥堵决定实施大规模市政道路建设。此时，正值中国电建"转型升级"战略全面铺开之际，目光敏锐的中国电建决策层审时度势，抓住了郑州市这一难得的"历史性机遇"，决定"挥师"郑州，逐鹿中原。

从此，中国电建"大集团、大土木、大市场、大品牌"战略开始在郑州落地生根，在河南开花结果。

从此，中国电建"大市政"建设的康庄大道，开始在中原大地上迅速伸展。

从"发展"到"共谋发展"的历史见证

"电建集团是 2012 年进入郑州市场的。那年 3 月，我们以 BT 模式中标了郑州市三环路快速化工程中的西、北三环工程，总投资 57 亿元。这是中国电建进入中原基础设施市场的第一个投资项目，也是中国电建从江河走向原野，再从原野走进城市的第一个标志性工程。"

2015 年 6 月 3 日上午，中国电建旗下中电建路桥集团有限公司郑州投资公司董事长张锋在接受记者采访时，开口第一句话便向记者做了上述介绍。

两天前，张锋的腰受了风寒，一旦坐下去，站起来非常吃力，一旦站起来，又几乎坐不下去。但他在接受采访的一小时里，脸上却始终洋溢着微笑。

作为中国电建郑州项目群的总负责人，张锋高兴，有他高兴的道理。

让我们的镜头慢慢回放：

2012 年
从 2012 年 3 月开始，中国电建在郑州市先后投资建设了郑州市三环路快速化工程、中州大道南北延工程、陇海路快速通道工程等一系列重点市政工程项目，投资总金额近 150 亿元，并且取得了可观的投资回报。

2013 年
2013 年，郑州投资公司又在郑州市下辖的中牟县中标竞争类项目 15 亿元。

2014 年
2014 年年底，以 BT 模式中标中牟汽车工业园区、中牟绿博文化产业园区等 20 项基础设施工程，涉及金额约 24 亿元。

2015 年
2015 年 5 月，新中标竞争类项目郑州市农业路快速通道工程当中的两个互通立交，涉及金额 11.6 亿元。

至此，中国电建在郑州市共计中标工程合同额近 200 亿元。

在国际经济持续低迷，国内经济回升乏力的严峻形势下，郑州项目群建设焕发出夺目的光彩，为中国电建"抓发展、稳增长"的发展大局作出了重要贡献。

更为重要的是，仅仅用了 3 年时间，中国电建就在郑州市牢牢站稳了脚跟，"目前已经进入了品牌营销时代"，张锋告诉记者。

"品牌营销是什么意思？"记者问。

"品牌营销就是说，在郑州市场，但凡重大市政建设工程，如果现在没有中国电建的参与，郑州市领导会觉得不正常，会觉得心里没底，别的队伍也要在心里打个问号。"张锋向记者如此解释。

记者在采访中了解到，还真是这么回事。

郑州市三环路快速化工程和陇海路快速通道工程的工期都只有 18 个月，而且工程地处市区繁华地段、人口密集、交通流量大、施工保通要求高、拆迁涉及面广、劳动强度高，但这些困难都没能阻碍电建人前进的步伐。经历了摸索、学习、调整、适应等一系列磨难之后，中国电建向郑州市交出了一份满意的答卷！

西三环工程于 2013 年 11 月 28 日率先实现全线贯通，是同期开工的所有工程中速度最快的；北三环工程采用双幅形式的高架，是施工难度最大的。西三环、北三环工程为中国电建赢得了"河南省安全文明工地"、中国"钢结构金奖"、河南省工程建设 QC"一等奖"、"河南省青年文明号"等一系列荣誉。

陇海路快速通道工程于 2013 年 10 月开工，2015 年 1 月 26 日实现主线高架桥全线通车，仅用时 1 年零 3 个月。陇海路快速通道的开通，使郑州市东、西城区的开车用时由之前的一个半小时压缩到 20 分钟，大大缓解了郑州市的交通压力。郑州市政府在通车后发来的贺信中说，该工程创造了郑州建设史上的奇迹，赢得了广大市民和社会各界的好评，树立了"中国电建"的品牌和良好形象。

2015 年第一季度，郑州市农业路快速通道工程实施招标，招标方按最低价选中了中标单位，中国电建没有中标。但郑州市主管此项工作的领导在获知消息后大为诧异：中国电建不参加怎么行？这些中标的小公司能按合同工期完成任务吗？于是，中国电建最后获得了两个互通立交 11.6 亿元的工程任务。

"合作的基础是要加强交流，拉近彼此的距离，从合作距离到交流距离，只有越来越近，才能越来越紧。我们用 3 年时间，实现了中国电建和郑州市的合作共赢，概括起来讲我们在郑州只做成了一件事，那就是郑州的大型市政工程建设，今天到了离不开中国电建，离开了就玩不转的地步。这就是品牌营销的魅力。"张锋说。

就这样，中国电建成功降落河南市场。一首协同发展、创新驱动、腾飞崛起的发展之歌，就此奏响！

郑州给了中国电建一个机遇，中国电建则还了郑州一个大大的惊喜！

从"转型"到"转型升级"的积极探索

"郑州项目群目前实行三级管理模式，从上到下，共三级机构，分别是郑州投资公司—总承包部—项目部。投资比例分别为水电路桥 30%、水电十一局 30%、水电三局 20%、水电五局 20%；施工任务由水电三局、水电五局和水电十一局承担。

郑州项目群的成功实施，原因很多很多，归纳起来，科学组织、规范化管理称得上是第一法宝。

无论是水电三局、水电五局，还是水电十一局，在水电工程施工上，家家都有绝活，个个都是劲旅。但战场搬进郑州这样的大城市，而且是在万千市民的家门口，在百姓眼皮底下，在高楼大厦的缝隙里施工，他们都可谓"老革命遇到了新问题"。

"以前干水电工程基本都按架子队模式组织施工，施工组织者吃喝拉撒睡都管，相当于一个作业队。到了三环路快速化工地才发现，架子队模式完全不能适应市政工程高强度施工的要求，需要及时转变思维，从头学习，尽快建立适应大城市市政建设需要的管理模式。"郑州投资公司总经理高富龙告诉记者。

据水电十一局副总经理、郑州项目总承包部总经理杨和明介绍，从接手第一项工程郑州三环路快速化工程开始，郑州总承包部一成立就根据工程建设实际需要建章立制，建立起一整套BT项目管理制度，要求"写你要干的，干你所写的，记你所干的"，用制度管人、用制度管事，快速建立起正常的施工秩序和管理秩序，履行总承包部的管理、服务、监督等职能。

杨和明说，总包不只体现在"包"上，更重要的是要在"总"上起作用。比如陇海路快速通道工程，就是要合13个标段为一个"总"，形成一种合力，追求施工标准、进度目标的统一才行；否则各吹各的号，各唱各的调，根本保证不了整个工程保质保量按时完工。

在工程施工过程中，总承包部以样板引路，实行首件工程认可制。各工程段的首件工程必须检查合格后，方可展开规模性施工。这为打造精品工程、景观工程奠定了坚实基础。

同时，总承包部实行严格考核，加大了奖惩力度。依据董事会决议，总承包部提取建安费的1%作为奖励基金，对工程施工安全、质量、进度、文明施工与环境保护4个方面进行考核奖励，制定考核细则，严格制度执行；还预留奖励基金的20%对科技创新、科技进步、工法、QC小组活动奖项、首件及样板工程、质量创优等进行奖励。

每个月对工程进度、质量、安全及文明施工等全面严格规范考核，排列名次，对荣获第一名的单位颁发奖牌和奖金，大大增强了作业队伍的集体荣誉感，提升了工作的正能量。

……

实践证明，管理模式的转变，为如期完成标段目标奠定了良好基础。以陇海路项目为例，该项目施工最高峰有 2 万多人参战，日完成最高产值 3000 多万元，月完成最高产值近 9 亿元。如果没有科学、合理、规范的管理控制，这根本无法想象。

由水电施工转向市政基础事业发展，以郑州市三环路快速化工程为标志，中国电建服务地方建设的转型升级，迈出了坚实的第一步。

从"合作"到"合作共赢"的创新之路

郑州项目群的成功实施，推陈出新，可算是又一巨大推动力。

郑州项目群的创新表现在很多方面，从施工到科技，从融资到回购，到处都看得见创新的影子。

说起施工工艺及科技方面的创新及效益，郑州投资公司总工程师吕贵宾如数家珍。

在三环路快速化工程、中州大道南北延工程及陇海路高架桥桩基工程施工中，中国电建的施工队伍采用后压浆技术，减少桩长近 20%，为工程建设节约投资约 4 亿元。

通过对市政桥梁高性能混凝土技术的专题研究，中国电建在郑州项目群施工中采用掺矿渣粉和一级粉煤灰的"双掺"技术，掺聚羧酸高效减水剂，优化混凝土配合比设计，租赁商混站自拌混凝土，3个项目群桥梁工程仅混凝土一项就节约成本约 2.5 亿元。

为了实现工程的自然景观效果，让浇筑出来的墩柱光亮、美观如工艺品，在三环路快速化工程中，电建人将清水混凝土施工作为"中国电建"的品牌名片来抓，多次组织学习，优化施工工艺，最终完美达到了清水混凝土质量预期目标，获得了业主和社会各界的高度好评，并在施工全线推广。

北三环工程共有 32 联钢箱梁，如果使用传统的 X 射线检测焊缝进行常规施工将严重影响施工进度，无法满足工期要求。电建人群策群力充分利用自身优势，采用钢箱梁 TOFD 衍射时差法进行钢箱梁焊缝检测，不仅提高了检测精度，而且加快了检测进度，大大缩短了工期。

在冬、夏季施工中有效采用了混凝土温度控制与防裂技术，优化混凝土配合比设计，在保证混凝土性能的前提下，采用"双掺"技术，减少水泥用量，降低混凝土水化热温升。夏季采用喷雾机浇筑创造小环境，降低浇筑温度，延长混凝土初凝时间，采用塑料薄膜加岩棉被保湿保温养护，减少混凝土内外温差；冬季采用保温棚法施工，拌和站加热水拌和，有效防止了箱梁混凝土的温度裂缝，对保证主线桥工程质量起到了巨大的保障作用。

郑州项目群以 BT 模式为主，回购至关重要，对于中国电建来说，它是项目成功与否的生命线。郑州项目群融资与回购方面的创新可以说在项目的成功实施中同样写下了浓墨重彩的一笔。

在项目群实施过程中，郑州投资公司紧紧依托中国电建央企品牌实力，多渠道、全方位对接金融机构，筹划融资方案，确保资金链平稳有序和融资成本最低。他们一方面实行银行贷款长短结合，提高融资效率，降低融资成本，另一方面充分利用股份制银行与国有商业银行的特点，使其互相竞争，压低贷款利息；同时合理预测资金需求，做好股东资本金与银行贷款的有效衔接，避免存贷双高，在保证工程进度前提下，控制投资成本。

郑州三环工程、中州大道南北延工程、陇海路工程回购期均为 5 年，分 10 次等额回购，每年 20%。郑州项目回购款支付流程复杂，审核部门、签字人员多，前后要经过两个回合的审批签字，过手人员和部门多达 30 多个。

针对这种情况，为确保每期回购款能顺利回收，郑州投资公司成立了回购工作领导小组，明确了回购任务目标，制订了详细的回购计划，确保回购款按时足额回收。另外，公司还建立了层层对接、坐盯坐催责任机制，有效推动了回购工作。

电建路桥公司总工程师成子桥是项目群前期经营的主要领导者。在谈到郑州项目群的时候，他说，郑州项目群发展到今天，有四点可以总结：一是我们中国电建与郑州市实现了双赢，大家皆大欢喜；二是以创新促发展在这里得到了很好体现；三是我们在河南市场实现了以质量树品牌的目标；四是我们实现了以效益占市场的良好预期。概括来讲，中国电建郑州项目群的组织实施，可以说是打了一场胜利的大战役。

从三环到陇海，从中州大道到农业路，仅仅 3 年时间，在中国电建人的手中，一条条大道呈现，一座座高架犹如玉带明珠般点缀着郑州市区，给郑州市民出行带来了极大便利，为中原大地再添壮丽景观。

已在路上，岂可言退。在国家"中部崛起"战略指引下，中国电建逐渐在一些重点领域建立了携手发展的区域经济合作关系。中国电建董事长晏志勇说："建筑企业要紧跟国家经济布局抓营销，全力以赴保增长。唯有瞄准政府和市场需求的新变化，聚合资产资金等各类经营要素，创新商业模式，提升融资能力和资源整合能力，提升发展层级和质量，才能在建筑市场占有一席之地。"

一条条道路书写着电建人的智慧与汗水，一座座桥梁彰显着电建人的努力和奉献。它们不仅在中原大地铸就了中国电建的一流品牌，而且成为中国电建业务转型大型市政工程的成功典范。这是中国电建成功实现战略转型升级的良好实践，也是央企积极服务地方建设的精彩缩影。中国电建实施中原发展的宏伟战略，已经在中原大地写下了浓墨重彩的新篇章。

（原载《中国电力建设报》2015 年 7 月 2 日）

学会"沾亲带故"

古希腊物理学家阿基米德说过,"给我一个支点,我就能撬起整个地球"。相对于媒体新闻,受企业经营范围所限,企业新闻是一个较为封闭的新闻范畴。所以很多基层通讯员反馈,稿件没少写,见报、被采用的却寥寥无几!笔者认为其中有一个重要原因是没有把握新闻写作的"要领",说白了就是没有跳出新闻点本身来写新闻。

那么,怎样跳出新闻点来写新闻呢?又如何跳出企业自身的局限来写新闻?跳出去了以后又怎么跳回企业本身?又如何找到"支点"去实现企业新闻的走出去?

笔者觉得这就要求企业新闻作者学会找出新闻点的内涵和联系点,通过合适的切入点,与想表达的内容建立起合情合理的联系,让这些要素"沾亲带故",从而突破企业新闻的局限性。

2016年3月,笔者收到江习项目发来的"江习高速笋溪河特大桥江津岸超高索塔首仓浇筑完成"新闻稿件,虽然笋溪河特大桥当时在公司范围内属于重点工程,但这则新闻事件本身不大,也就是正常的施工进展稿件,按常理是不可能被上级企业宣传平台采用的。但笔者突然想到刚刚召开的电建集团年度工作会议,遂通过时间这个联系点对稿件进行了改动,将工程建设与落实上级单位工作会精神融在一起,后获得上级单位编辑老师的认同并被采用。

在该新闻稿件中,时间其实并不是唯一的联系点,标题、开篇引语、结尾文字与新闻配图在云中施工的场景也做到了相互照应,只是在文字方面没有重点突出而已。

在实际企业新闻撰写中,到底有哪些"支点"可以找,到底如何做到"沾亲带故"?

笔者认为,在一篇企业新闻中,时间、空间、人物、基本一致的工作流程甚至一样的情感、一样的目标等,都可以成为写作者拓展思维、跳出企业新闻局限性的跳板。

又如,通过时空的联系,建筑行业可以从长城讲述到现代工程的建设,从新中国成立时的肩挑背扛讲述到现在的全面机械化施工,没有什么是联系不起来的,使新闻写作思维跳出工程建设或者企业具体事务,实现企业新闻从业人员观念的转变,才是实现企业新闻走出去的最终途径。

附——

江习高速笋溪河特大桥江津岸超高索塔首仓浇筑完成

3月8日,正值江习高速启动"春季大会战"劳动竞赛活动,由四分部承建的笋溪河特大桥江津岸传来喜讯,笋溪河特大桥江津岸超高索塔首仓成功浇筑完成,这是"春季大会战"劳动竞赛取得的第一个丰硕节点。

笋溪河特大桥作为江习高速的关键控制性工程,其标志性的部分是660米特大跨径、139.65米(左幅塔柱)的超高索塔。索塔是由塔柱、横梁组成的门式框架结构。主塔与横梁采用圆弧连接,施工美学要求较高。主塔塔柱垂直度、线形控制和外观是本工程控制的重点,混凝土高塔施工对温度应力场反应敏感,克服高温季节施工温度应力对主塔线形控制影响是本工程的难点。

此次浇筑的首仓面积为5.6米×8.8米,高4.5米,底部2米为实心段,其余为变截面空腔,首仓浇筑方量187立方米。二分局项目部在浇筑前,按照施工工艺及技术规范,精心编制施工方案,合理安排施工进度,克服重重困难,在确保质量安全的情况下成功完成首仓混凝土的浇筑。

首仓混凝土的成功浇筑掀起了"春季大会战"劳动竞赛热潮,为圆满完成年度施工计划奠定了坚实的基础。

(初始稿2016年3月10日)

附——

【工作会专稿】从基点迈向云端——公司一线项目以真抓实干稳步推进项目建设

　　1578 米的桥长、660 米的特大跨径、139.65 米的超高索塔、距河谷高达 280 米的桥面。3 月 8 日，由电建路桥公司江习高速公路项目建设现场传来喜讯，江习项目关键控制性工程——笋溪河特大桥江津岸超高索塔首仓成功浇筑完成，取得新年来首个成功节点，大桥建设稳步推进，力争早日实现桥面系施工，从基础建设迈向云端。

　　2016 年年初，电建集团（股份）公司召开 2016 年度工作会议，确定了集团公司未来发展的新思路、新定位、新举措、新走向。作为建筑行业公司的一线基层单位，如何用实打实的行动将集团公司会议精神贯彻到实践中，贯彻到具体项目建设中，确保工程质量、安全、进度、履约，成为 2016 年以来路桥公司江习项目全体领导班子的新思考。

　　笋溪河特大桥作为江习高速公路项目的关键控制性工程，特大桥主塔与横梁采用圆弧连接，设计中工程建设安全、质量和美学艺术效果被同等重视。而从重庆市现有桥梁建筑来看，大桥施工处地形地貌复杂，具有典型的超高墩、大跨度、特长山区高速公路悬索桥梁特点，加上其对技术要求高，施工难度极大。

　　没有犹豫，没有等待，周密统筹，真抓实干。江津地区春季晴多雨少，抓住难得的施工时段，江习项目公司、总承包部快速启动"春季大会战"劳动竞赛，从施工组织、现场管理、质量安全管控、资源配置、对外协调等方面着手，开展三级技术交底会层层交底，坚持标准化、精细化管理，各道工序有条不紊开展。以大桥为依托，在集团公司各个层面的技术支持下，借助于路桥公司科研体系，引入"互联网+BIM"技术（基于"互联网+BIM"技术的工程项目全生命周期管理研究与应用），从成本到质量、从预警到安全、从现场到施工，进行全方位管理控制。

　　工程建设不能有一丝马虎，特大桥的建设也才刚刚开始。江习项目全体参建人员正按照集团精神要求，一步一个脚印，以集团公司"责任、创新、诚信、共赢"的核心价值观为引导，将"诚实守诺、变革创新、科技领先、合作共赢"的经营理念真真切切落到项目基层，落到项目一线，落到具体工程建设中，为展示好大型中央企业履职尽责形象，为拓展"中国电建""中国电建路桥"品牌内涵，为实现项目建设寻求新的突破。

从基点步入云端，前路艰辛且漫长。江习项目全体参建人员的奋斗和拼搏正在延续，且拭目以待！

（原载中国电建网 2016 年 3 月 11 日）

学会抱团取暖

2019年12月,中国建筑业协会在北京会议中心召开中国建设工程鲁班奖表彰大会,笔者所在企业承建的重庆江津至贵州习水高速公路笋溪河特大桥获2018—2019年度中国建设工程鲁班奖(国家优质工程奖)。在陪同公司领导参会期间,笔者与时任江习项目总经理郭家付进行了交流,印象最深的是笔者当时问:"您认为笋溪河特大桥建设中最难的是什么?"郭家付同志在思考良久后回给笔者一句话:"不是哪里最难,是哪里都难!"

在协调江习项目宣传工作的2014—2018年,江习项目公司、总承包部按照企业总部要求的"争创鲁班奖,高速全线争创重庆区域标杆项目"的长远目标,以项目管理层级多名中层干部作为企业新闻撰写的主力军,形成全员宣传、共同对外的宣传大格局;项目节点的进展情况基本实现通稿同步传达企业内部和项目标志工程所在地的江津区政府;在项目知名度有了显著提升的阶段,江习项目全部参建单位、设计单位、监理单位甚至材料供应商、科技研发单位、部分工序参与单位也纷纷自主加入对外宣传队伍,并自发形成基本目标一致的宣传凝聚力。在项目分部、项目公司、公司、公司上级的央企总部、江津区政府等主力单位的共同努力下，项目建设受到重庆市政府的高度关注。在重庆市政府领导的推动下，人民网、央视等国家级媒体多次实地采访、拍摄项目进展情况，江习高速项目作为2018年度两会特别节目——《新时代中国·大国工程》栏目新时代中国极具代表性的大型桥梁工程向全世界推广和宣传，项目宣传取得较好成绩。

企业新闻的撰写与组织不仅需要人力，更需要时间和知识的积累，企业基层单位新闻工作不同程度存在人力、知识储备不足的情况，在此情况下如何做好企业宣传工作？企业自身宣传资源有限、涉及具体项目的单位资源丰富，为什么不能整合利用？应该怎样在各单位需求不同的情况下形成合力？在众多宣传口径的情况下如何掌握自身企业对外宣传的主动权？

带着以上问题，就江习项目分析可知：江习项目在企业宣传中采取的定目标、搭平台、通渠道、高标准几点做法是值得借鉴和推广的，从具体操作层面来说就是：企业总部管口径、项目领导提要求、中层干部建渠道、通讯员们写稿子、一线员工交素材（报情况）。

江习项目自建设之初，所有项目新闻不仅在企业自有平台及时发布，企业总部也及时编辑推送到央企总部平台和外部通联平台，中国电建网站、《中国电力建设报》、《中国交通报》等对上、对外发布平台渠道的发布时间始终与项目报送时间相差无几；江习项目建设期间，结合年度工作安排，笔者与项目通讯员一道详细罗列出项目年度建设进度计划表，根据江习项目工程建设计划确定了节点新闻数量和完成时间的双重标准，确保不漏一项进度报道，并大致确定通稿发布时间，确保了参与单位、涉及区域的地方政府掌握第一手新闻素材，并根据新闻通稿实现及时编发或者采用新闻素材自选加工予以自行宣传；在江习项目宣传工作中，笔者就和项目通讯员逐渐明确以笋溪河特大桥为切入口，重点宣传"重庆第一高桥"。

实践证明，后续外媒发布或转载的9万余条相关报道中有8万余条均提到了280米或"重庆第一高桥"这个宣传点。工程所有参建单位、地方政府、监理单位、材料供应商甚至个别工序提供商均参与和开展了相关主题的宣传活动。

> 附——

速度围观！江津这里有座"重庆第一高桥"，太霸气了！

11月26日，在中电建路桥集团承建的重庆江津至贵州习水（重庆段）高速公路笋溪河特大桥施工现场，最后一节重达129.5吨的B21钢桁梁节段精准就位，这标志着四面山高速公路重要控制性工程——笋溪河特大桥施工进展取得重大突破：引桥已全程贯通；主缆安装及紧缆、索夹安装、钢桁梁拼装、吊索安装等已全面完成。该桥即将进入正交异形钢桥面板的铺设环节。

笋溪河特大桥位于重庆市江津区境内，是重庆江津至贵州习水高速公路关键控制性工程，它的施工进展对高速公路全线能否如期通车至关重要。该桥为重力锚钢桁梁悬索桥，桥长1578米，主跨660米，索塔最高190.6米，桥面距河谷高约280米，是一座典型的超高墩、大跨度、特长山区高速公路桥梁，建成后将成为重庆市"第一高桥"。

据工程相关负责人介绍，自今年7月14日首节段钢桁梁开始拼装以来，建设者攻克了钢桁梁高精度拼装、高强螺栓高质量安装、轮式液压旋转运梁等技术难题，确保了钢桁梁每个节段顺利吊装。

"吊装过程中最大的困难是天气和光线。"该负责人透露。笋溪河特大桥所处地区常年多雾，26日当天，B21节段在能见度较高的17时左右开始吊装，钢桁梁落到相关位置后，天色逐渐变暗，建设者们打着手电和其他临时供电设备，耐心地进行着调试，最终于20时左右完成了精准就位。

施工方总工程师肖鹏告诉记者："下一步工作重点有两个：第一个是钢桥面板的铺装，钢桥面板总重量约5400吨，计划在2018年元旦前完成。第二个是桥梁的铺装，桥面的铺装以及其他附属设施的施工，预计在明年3月以前全部完成。"

据悉,笋溪河特大桥钢桁梁整体安装完成是江习项目三个重大节点目标之一,此次安装就位比计划时间提前了一个半月,对推进高速公路全线如期通车具有重大意义。

(原载江津网 2017 年 11 月 28 日)

附——

[重庆]江习高速公路笋溪河特大桥获"中国钢结构金奖"

日前,中国建筑金属结构协会表彰第十三届"中国钢结构金奖"工程及项目经理(项目负责人)。重庆江津至贵州习水高速公路(重庆段)笋溪河特大桥钢结构工程获"中国钢结构金奖",9人获"中国钢结构金奖工程项目经理(项目负责人)"。

笋溪河特大桥是江习高速关键控制性工程之一,全长 1578 米,主跨长 660 米,桥面距河谷高约 280 米,为重力锚式钢桁架悬索桥,是重庆首座山区大跨度钢桁梁悬索桥,也是目前重庆境内第一高桥。桥梁采用 7 孔 40 米预应力砼先简支后连续 T 梁 + 660 米钢桁架梁悬索桥 +(90+90)米预应力砼钢构 +11 孔 40 米预应力砼先简支后连续 T 梁结构。其中钢桁梁、桥面制作安装分别使用钢材 4914 吨、5330 吨。整体结构于 2018 年 5 月通过验收。

在江习高速笋溪河特大桥建设施工过程中,项目建设投资控股并施工总承包单位中电建路桥集团以"建造比人的生命更长久的建筑艺术"为使命,坚持新发展理念,引入新技术、新工艺,先后克服岩层自稳能力差和大体积混凝土温控、山区桥梁构件运输与拼装、桥面板现场拼装焊接精度控制等难题。锚碇施工创新性采用垂直开挖、原槽浇筑的新型复合重力式锚碇结构,充分调动锚碇基坑围岩的力学性能。桥梁合龙采用科学分析法代替传统配重法。钢桁梁、桥面板吊装通过不同方案比选、工艺研究,以化整为零方式完成运输、组装、架设等施工任务。

中电建路桥集团重庆分公司负责人表示，笋溪河特大桥荣获"中国钢结构金奖"，是中电建路桥在桥梁建设领域雄厚实力的再次展现，为该项目申报"中国建筑工程鲁班奖"提供了条件，也是重庆高速公路建设钢结构运用最高水平的代表作。

据悉，"中国钢结构金奖"代表我国钢结构工程质量先进水平，由中国建筑金属结构协会主办，由行业内质量管理、施工安全、工程焊接、工程项目管理、建筑结构设计等专家组成评审委员会，进行评选并决定授予。获奖单位、个人为获奖工程的施工、监理、设计、建设和主要参建单位及有关项目负责人等。

（原载交通运输部网 2019 年 5 月 16 日）

要胆大 更要心细

2016年3月2日,华中分公司报上来一篇"公司获2015年河南省市政公用工程'优秀施工企业'等多项荣誉称号"的新闻稿件,笔者所在企业因河南省区域承建工程建设业绩突出,总部获河南省"优秀施工企业""技术创新先进企业""质量管理先进企业""安全管理先进企业"4个奖项。

在日常企业新闻发布工作中,随着河南省区域项目逐渐完工,2016年前后华中分公司经常报送获奖新闻,而且经常是好几个奖一起拿,笔者记忆中最多的一次拿了8个还是12个QC成果奖。华中分公司负责宣传工作的王丽同志文字编辑、审核水平也很高,当天其他工作也比较多,遂稍加调整后直接在公司网站发布。

新闻发布后,华中分公司因为申报国家级奖项,申请公司总部协助整理申报材料,领导将该项工作安排至笔者处。在整理后,笔者才发现至2016年前后,虽然华中区域很多项目还在建设中,但获得的省市奖项数量之多相较行业内其他建筑企业是罕见的,又想起3月2日刚上报电建集团被退稿的获奖新闻,再查证协会文件,发现竟然几乎包揽了这次活动的全部奖项,觉得太了不起了!遂详尽整理华中区域获奖新闻素材,在区域同志的协助下,完成"电建路桥公司备受青睐为哪般?"这篇稿件。

稿件综合华中区域项目建设以及开展综合性宣传情况,但受限于文字精练要求,很多支撑材料没法详尽表述,虽然文章所有内容完全经得起推敲和考究,但为了支撑文字内容,笔者还是联合区域同志查找了大量的历史图片资料附加在新闻后,拼合或单独采用的图片总数量达到9张之多。通常,企业新闻稿件附加如此多的图片是不应该的,但当图片作为新闻不可或缺的支撑材料时,得到了电建集团网站编辑老师的支持,一字未改给予了发布。

在这篇稿件的写作过程中,笔者认为,企业展现自身成果、成绩必须胆大,要敢说、敢讲,如果企业新闻的工作者都不为自己的企业说话、不能引导员工认可自己的企业,就是不负责任的。但为自己的企业说话，绝不能瞎编乱造，一定要逻辑合理、一定要真实，一定不能出现误导或可能误导的内容。行文要再三思量，使得企业新闻逻辑合理、内容经得起考究，要以细致、细心的工作来支持这种"自卖自夸"式脱离一般范畴的"胆大妄为"，确保企业新闻的真实性、权威性。

从这篇稿件的后续效果来看，笔者认为对华中区域内部员工的激励作用还是很大的。后来，华中分公司负责申报奖项工作的同志基本都是在获奖当天即将新闻稿件发到我处，新闻稿件质量、时效性都很好，而区域项目也确实做到了拿奖拿到手软！2021年笔者在组织企业画册编撰工作时，对华中区域项目所获奖项进行了统计和核实，到2021年年底华中区域项目先后获国家/行业级最高奖7项，省、市级各类奖300余项，而通过这些创奖活动，所有华中区域项目建设都按时、超标准完成，并确保了建设安全，实在是太了不起了。

附——

公司获2015年河南省市政公用工程"优秀施工企业"等多项荣誉称号

3月1日，在河南省市政公用业协会第三届二次理事会上，中电建路桥集团有限公司在参选的众多施工企业中脱颖而出，获得2015年河南省市政公用工程"优秀施工企业"等多项荣誉称号。

会上，路桥集团分别获得2015年河南省市政公用工程"优秀施工企业""技术创新先进企业""质量管理先进企业""安全管理先进企业"等多项荣誉称号。路桥集团华中分公司张锋、吕贵宾、吴建平、刘怡辉分别荣获河南省市政公用工程施工企业"优秀项目经理""优秀总工程师""质量管理先进个人""安全管理先进个人"荣誉称号。会上，河南省市政公用业协会向获得2015年河南省市政工程金杯奖和优良工程的单位颁发了奖杯及证书，中电建路桥集团斩获了2个奖杯、4个证书。

此次评选活动是由河南省市政公用业协会组织的对参评单位工程质量、安全管理、技术创新、综合实力等方面进行综合评估考评的结果。荣誉的获得，不仅展示了路桥集团在河南市政工程领域所取得的良好业绩，同时也是当地行业协会对"中国电建""中国电建路桥"品牌的高度认可。

（初始稿 2016 年 3 月 2 日）

附——

电建路桥公司备受青睐为哪般？
——从集团子企业获 2015 年河南省市政公用业协会多项荣誉说起

3月1日，在河南省市政公用业协会第三届二次理事会上，中国电建集团旗下路桥公司在参选的众多施工企业中脱颖而出，获得 2015 年河南省市政公用工程"优秀施工企业""技术创新先进企业""质量管理先进企业""安全管理先进企业"多个奖项。一举拿下如此多的重要奖项，备受省级行业协会青睐，为哪般？

备受青睐，凭借的是大型央企全力助力地方建设发展的决心和行动！

2012 年，郑州市政府根据国务院关于《支持河南省加快建设中原经济区的指导意见》和河南省委、省政府意见，为改善人民交通状况，大力推行公共交通基础设施建设。处于企业转型升级关键期的中国电建集团，为助力郑州市发展需要，以旗下电建路桥公司牵头，聚集水电三局、水电五局、水电十一局多家核心子企业精兵强将和优势资源，先后高标准建设完成了郑州市三环项目、陇海路项目、中州大道南北延项目，其他如农业路项目、中牟项目群、航空港棚户区改造项目、郑州市 107 辅道快速化工程 PPP

项目也正处于紧张建设中，总投资额近 300 亿元。

备受青睐，凭借的是大型央企敢打硬仗、能打赢硬仗的勇气和实力！

郑州现已完工通车的三环项目、陇海路项目、中州大道南北延项目按国内正常情况工期都应该在 3 年以上，但实际上，中国电建承建当前已完工通车的郑州市项目，从建设到通车都仅用了 1 年半左右的时间。建设中，建设者们攻坚克难、勇挑重担，中国电建人"特别能吃苦、特别能忍耐、特别能战斗"的优良传统彰显无遗。

备受青睐，凭借的是过硬的系统化、精细化管理能力！

具备工期紧、情况复杂、协调困难、管理复杂特点的市政工程，在高峰期，中国电建两万余参建员工分布在长达几十公里的施工沿线，凭借系统、规范的大型项目管理能力，所有项目建设期未出现一起安全、质量事故。

备受青睐，凭借的是良好的科技创新和推广应用能力！

因市政道路施工场地、空间有限，"把桥梁推过去"，这是郑州陇海路项目常庄干渠高架桥波形钢腹板 PC 组合梁顶推施工中的情形。不仅如此，在郑州项目建设中，诸如清水混凝土施工工艺、薄壁桥墩技术、大体积混凝土温控和防裂技术等一系列科学技术的创新和应用，不仅提高了工程建设的质量，还为使用者带来了更美观、实用的服务。

备受青睐，凭借的是央企人厚重的责任感和奉献精神！

从拾金不昧的员工到无私奉献的志愿者，从零下气温的排障现场到深夜扫雪的电建人，从和谐推进的征地拆迁到让道于民的保通措施，中国电建各参建单位深刻地践行着大型央企员工的责任感和使命感，把人民当家人、把驻地当故乡，为把郑州建设得更美、更好而竭尽所能。

不仅在河南省行业协会，进入河南市政工程建设领域以来，中国电建承建的郑州项目先后荣获"中国钢结构（国家优质工程）金奖"1项，"全国市政金杯示范工程"1项，国家级优秀QC成果奖4项，"河南省市政工程金杯奖"2项，"河南省市政优良工程"2项，省级工法、科技进步奖10项，省级优秀QC成果奖37项，河南省工程建设QC小组活动优秀企业奖3项，省级安全文明工地、中州平安杯奖4项，市级安全文明工地、安全管理标准化工地、安全管理先进单位奖20项。

一系列荣誉是国家和河南省市各级政府、行业协会对中国电建工程质量、安全管理、技术创新、综合实力、诚信履责等方面进行综合评估考评的结果。当前，中国电建在河南郑州还有数个大型项目处于紧张的建设中，中国电建建设者们正竭尽全力，为建设更畅通、更完善、更美好的郑州而不懈奋斗。

中国电建旗下路桥公司获河南省行业协会表彰证书

中国电建承建完工并通车的郑州市陇海路项目

03 建筑企业新闻撰写——拓展篇

中国电建承建的中州大道南北延项目建设中（2013年）

拥有国内多项科技创新的郑州市陇海路常庄水库波形钢腹板PC组合梁顶推施工

要胆大 更要心细

零下气温抢险排障的中国电建员工（2015年4月，郑州三环项目）

深夜扫雪保交通的中国电建员工（2015年1月，陇海路项目）
（原载中国电建网2016年3月4日）

做个熟悉的"陌生"人

在近10年的企业宣传工作中,经常有基层一线通讯员反映,基层工作天天都是这样,感觉没什么可写的,年度计划中的企业新闻稿件数量要求很难完成。

作为平台公司,笔者所在的企业员工人数少,各单位通讯员都是身兼数职,事务性工作多且杂,让他们做专业事务性工作信手拈来,而如何让他们在繁重的事务工作中一眼就找到新闻点?找到能写出企业新闻的切入点?

笔者认为,与所在企业做个熟悉的"陌生"人是最有效的办法!

2016年2月2日,正值农历小年,笔者收到武汉排水项目发来的一篇新闻稿。初始稿件平平无奇,但当看到同时报送的新闻图片中几名一线工人在风雪交加的泥泞工地依然忙碌的场景时,瞬间被他们那种节日期间仍坚持工作的精神所打动。

当天一直在思考这篇稿子应如何修改,一直没有什么头绪,稿子编辑工作进展缓慢!一天中很长时间都是在整理武汉项目和武汉市内涝相关资料,下午快下班时不经意看到一篇《今年最浪漫的事,就是到武汉来看海》的文章,武汉人民在面对城市严重内涝时苦中作乐的情景跃然纸上,借此联系到武汉排水项目建设解决武汉内涝的重要意义,终于定下"只为来年不'看海'"的标题。

标题定下后的文章就好组织了,当天加班写完初稿,怕写得不太够、不太完整,晚上回家后还一直在思考怎么调整。次日到公司后先后修改近10稿,并联系武汉项目同志完善并确认了相关新闻内容,当天报送集团新闻中心后,编辑老师将其纳入公司要闻发布在企业网站,并在春节后出版的第一期《中国电力建设报》"新春走基层"专栏中作为头条发布。

宋代禅宗提出学佛"看山是山、看山不是山、看山还是山"的三层境界,笔者觉得企业新闻工作与这几层境界很相近。"看山是山"：企业新闻要实事求是，评述建筑企业日常工作中的大致进展情况，以新闻发布的渠道展现工程进展；"看山不是山"：挖掘企业新闻的亮点、做法、内涵，展示好新闻背后的故事，并借此宣传企业理念、展现企业形象；"看山还是山"：企业新闻的最终目的是打造企业形象、塑造企业品牌，所有企业新闻都要围绕这个中心，紧密服务企业发展这个主题。

附——

武汉港西项目掀起大干热潮，吹响冲锋号角

春节将至，武汉港西项目掀起施工大干热潮。截至1月31日，出江流道段水泥搅拌桩完成5400根，土方开挖累计25000立方米，荆州街段第二仓箱涵施工顺利收盘，为按期完成武汉市政府"一号令"的节点目标奠定基础。

出江流道段是泵站排水入江十分重要的通道，为保证出江流道段建设任务的顺利推进，赶在2016年4月汛期之前完工，港西项目部在武汉排水项目总承包部的指导下，抢抓黄金施工期，节日不停工，克服外部干扰因素多、施工环境复杂、工期紧等不利因素，明确分工，加大与当地政府的协商，主动出击、克难攻坚，办理完成各项证件，逐步扭转了不利局面，保证此次节点目标完成。

大干热潮吹响了2016年港西项目工程建设的冲锋号角，项目部将凝心聚力，保质、如期完成施工任务。

（初始稿2016年2月2日）

附——

【新春走基层】只为来年不"看海"——公司员工春节坚守项目一线掀大干热潮

"4月汛期前我们要完成出江流道的施工,力争让武汉市人民来年不再是暴雨一来就在城区'看海'。"

1月31日,武汉市迎来6年来最大的一场"一月雪",大雪纷飞中,记者来到春节坚守一线的电建路桥公司武汉港西排水项目建设现场,项目一线的一位员工这样对记者说道。

近年,"到武汉看海"成为国内众多媒体和武汉市民间流传的热词。为彻治武汉市城区内涝现状,2015年,武汉市启动《武汉市中心城区排涝、治污、供水二年决战行动计划》,全面提高城市排水能力;武汉市防汛抗旱指挥部印发《武汉市防汛抗旱指挥部命令》,督促排水重点工程项目推进,这是武汉市历史上首次用"命令"的形式,集中推进排水工程建设、治理城市内涝,治理力度之大、要求之严在全国众多城市中屈指可数。

作为国内城市排水治理资源、实力和优势最前沿的大型央企,中国电建集团整合旗下路桥公司、水电八局、水电十一局、水电十六局等多家子企业优势资源,由路桥公司牵头,以明显优势先后中标武汉市现已启动的13个大排水工程中的6个。作为明令限期必须完工的排水项目,厚重的责任给项目建设带来了巨大的压力,作为具备"特别能吃苦、特别能战斗、特别能奉献"优良传统的中国电建人,虽然按合同履约根本不是问题,但武汉项目参建人员考虑更多的是怎么把工作做得再细致一点、考虑得再周全一点、建设再推前一点,让"中国电建""中国电建路桥"长远规划、优化设计、高标高质、按时履约的品牌形象和企业形象更为出彩。

2015年,武汉排水项目通过劳动竞赛和合理的倒排工期,推动在建项目有序施工。其中,龙王嘴工程全年实际完成箱涵施工1020米,湖内围堰1050米,工程整体进度受控；后湖三期机组改造项目、水泵改造、其他配套设施改造大部分已完成，工程整体进度超前；港西二期泵站项目出江流道段水泥搅拌桩完成 5400 根，土方开挖累计 25000 立方米，项目春节期间正掀起大干热潮，力争来年 4 月汛期前完成出江流道的关键节点目标；承建的其他 3 个子项目也正按要求处于全力推进中。

不仅武汉项目，在路桥公司其他项目一线，还有更多的电建路桥员工为了工程建设的有力推进，在春节到来之际坚守一线，顶风冒雪，只争朝夕，奋力拼搏！

只为来年不"看海"！这不仅是武汉排水项目员工力争早日完成项目建设，排除武汉城市内涝的心愿，也是路桥公司严抓履约、服务业主的严谨态度，更是中国电建全面践行大型央企责任，助力各方政府、业主实现和谐发展的郑重承诺。

只为来年不"看海"！为春节期间坚守、奋战在各项目一线的中国电建人点赞！

中国电建港西二期项目雪中作业的工人

（原载中国电建网 2016 年 2 月 3 日）

构建善于推销自己的多维企业宣传体系

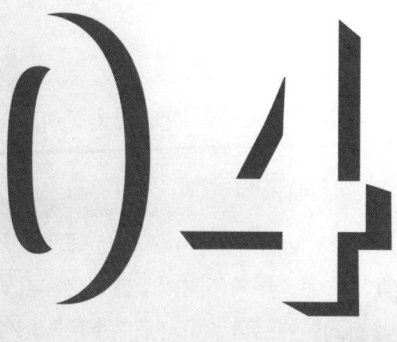

04

畏危者安，畏亡者存，这是所有企业家的共识。当前中国，中央建筑企业虽然属于大型国有企业，但建筑领域作为一个完全开放的市场，特别是近年随着中国加速城镇化、信息化，各省、市、地区出现了大量的国有和大型民营建筑企业，其规模甚至超过中央企业，大量其他领域企业甚至利用资本实现了跨领域发展。在此情况下，中央建筑企业拓展市场不仅要和地方国企、大型民企和跨领域资本大鳄竞争，还要面对央企和央企间的互相竞争。

《孙膑兵法·月战》曰:"天时、地利、人和，三者不得，虽胜有殃。"说的是天时、地利、人和这3个条件中的任何一个没有占优势，即使打了胜仗，自己也好不到哪里去。"十三五"期间，笔者也亲身经历过企业下属单位或企业的合作伙伴单位被改组、合并甚至消亡。可见如果不能全方位体现企业存在的价值，即使是大型中央企业，也终究会因国家政策、市场形势、行业需求等多种未知因素而被淘汰，逃脱不掉消亡的命运。

那么，有没有一种办法让中央建筑企业始终保持旺盛的生命力？能不能打造一种体系，让国有建筑企业的存在不可替代？能不能打造一种能力，让中央建筑企业在激烈的市场竞争中始终占据"天时、地利、人和"的优势？

笔者认为，建立、维护好企业品牌是当前中央建筑企业增强生命力、占据市场优势并使企业具有不可替代特质的最有效的手段。

企业品牌建设是一个系统的体系，虽然品牌管理体系的决策、设计、建设、管理、营销、评估等很多方面的内容因企业、产品、用户不同而千变万化，很多内容并不属于企业宣传的范畴，但如何利用企业新闻做好品牌营销与品牌推广？如何利用企业新闻为企业品牌注入新的能量元素和文化内涵，提升品牌价值？如何利用企业新闻为企业注入新的生命力、让企业的存在不可替代、让企业在激烈的市场竞争中具有舆论优势？这是本章以及本书想让广大读者思考的问题。

作为中央建筑企业基层单位的一个新闻工作者，应该如何做好企业品牌的推广与宣传？又如何将品牌理念这些说起来虚无缥缈的内容落实到具体企业新闻中？如何做善于推销自己的中央建筑企业？

推销历史

中央建筑企业作为国家建筑领域的主力军，在行业内具有成立最早、承建工程最多、经验最丰富的天然优势，理应在引领中国建筑企业发展的实践中积极构建良好的品牌形象，以主导市场的品牌，引领企业长久发展。

如笔者所在的企业是国务院国资委直管的中国电建下属子企业，企业的经验绝大部分传承于中国电建 50 余年的基础设施建设历程中，传承于中国电建承建中国 75%、世界 50% 水电站的建筑历史中，传承于新中国为人民建设美好家园的实践中，更传承于中华民族上下五千年的历史传承中。笔者所在企业虽然不直接负责水电站的投资建设，但企业开展的公路、铁路、房建等业务领域建设工程中的大量混凝土浇筑施工中的施工方法、工艺和工序与水电站大坝建设基本一致，且水电站大坝建设所采用的混凝土在抗震、防洪、力学性能、使用寿命等方面远高于其他建筑领域使用的混凝土；又如，在隧道和管涵工程中，水电站地下工程的空间、地质的复杂程度和建设标准也高于其他工程中的隧道和管涵工程标准；再如，水电站建设是国内最早考虑水生态、水环境治理因素的工程，对比现行水环境治理工程，中国电建有着领先近 50 年的经验优势。

作为中央建筑企业下属单位，企业新闻不仅要利用好母公司的历史优势，将这种不可替代的优势融入日常企业新闻工作中，为母公司品牌建设服务，还要依托这些优势打造自身独有的企业品牌优势。在对外展示母公司传承历史的同时，可根据实际情况，及时总结企业自身的历史优势，最终形成子企业、子品牌的特有优势，赋予企业发展和品牌建设不可替代的元素。

企业新闻推销企业品牌的过程，也是通过企业宣传建立、完善企业品牌的过程，企业品牌特性定位中最重要的就是来自哪里？为何而来？去向何方？企业新闻也是在宣传企业目标、企业理念、企业发展规划等，通过宣传为企业品牌赋予独特的文化内涵。

2021年，在汇总企业"十三五"以来的重大改革发展成果时，笔者就所在企业5年间的发展进行了尝试性的总结，撰写了题为《拼搏"十三五" 擘画新征程》的企业通讯。文章结合企业在"十三五"期间发生的事件，尝试回答来自哪里、为何而来、我们是怎么做的等问题。

推销企业历史，不仅要对企业以往的成就进行推销，还应及时总结、提炼企业发展过程中的重大事件，使之成为企业发展历史中的新元素，为企业品牌建设创造新的价值。

附——

拼搏"十三五" 擘画新征程
——电建路桥公司"十三五"改革发展纪实

过去的五年，是奋进的五年，也是辉煌的五年。作为中国电建基础设施建设领域转型发展的践行者，电建路桥公司（以下简称电建路桥）坚持以习近平新时代中国特色社会主义思想为指导，坚决贯彻党中央、国务院决策部署，深入落实国资委、中国电建发展战略，在中国电建建设世界一流企业战略目标的引领下，与时代共进、与祖国同行，确保"十三五"圆满收官，筑牢"十四五"发展基础，为决胜全面建成小康社会、奋力开启全面建设社会主义现代化国家新征程贡献电建路桥力量。

这五年，中国经济发展活力强劲。电建路桥始终坚持建设地方、服务地方理念，

当好区域经济助力者,以电建路桥高质量发展新成效,为经济社会持续健康发展增添动能

2017年2月21日,中国电建集团与新疆维吾尔自治区正式签订战略合作协议,中国电建将全面落实第二次中央新疆工作座谈会精神,持续发挥央企在资金、管理、技术等方面的优势,加快推进在疆重点项目开发建设,加速壮大区域产业规模,与兵团一道,在丝绸之路经济带核心区建设中加大合作力度,积极参与兵团城镇化建设,助力丝绸之路经济带核心区建设,为新疆社会稳定和长治久安作出贡献。

五年来,电建路桥按照中国电建部署要求,全面落实党中央治疆方略,积极参与新疆地区高速公路项目建设,建成阿克苏—喀什、克拉玛依—塔城高速公路,参与克州、铁门关—阿拉尔等高速、省道项目的建设,为边疆人民打通交通出行主线;深入贯彻京津冀协同发展重大战略,积极参与京津冀交通一体化基础设施建设,投资近500亿元建设河北太行山高速公路邢台段、邯郸段,新元高速、津石高速等高速公路项目,与区域新建高速一道,将京津冀"1.5小时通勤圈"覆盖区域逐步扩大至太行山革命老区;为改善滇中经济圈交通,实现中央精准扶贫战略目标,投资建设云南省晋宁至红塔高速、江川至通海高速、建(水)个(旧)元(阳)高速、石(林)泸(西)高速等高速公路项目。电建路桥同时积极参与项目所在地扶贫攻坚,与西南地区社会经济发展、人民幸福同呼吸、共命运;坚持"生态优先、绿色发展",完成雄安新区"千年秀林"绿化项目,以绿色可持续发展标准完成新区首条市政道路建设,助力雄安新区实现生态发展、绿色发展的"千年大计";结合城市区域规划,实施郓城南湖新区、杭州大江东聚集区、青岛中德生态园及中日韩合作经济示范区、山东东营综合开发等项目,为区域城市发展提供新的经济增长点,促进城市新发展。

2016年至2020年11月,电建路桥在建设地方、服务地方的过程中,企业自身实现跨越式快速发展,各项主要指标实现稳步增长,累计实现营业收入1500余亿元,累计新签合同额近3000亿元,为合作单位带来施工总承包任务2000余亿元,年均新签合同额超过500亿元。

这五年，美好生活走进千家万户。电建路桥坚持以人民为中心的发展思想，当好美好生活服务者，助力打赢脱贫攻坚战，不断增强人民群众获得感、幸福感

2018年2月，习近平总书记在公司承建的天府新区兴隆湖项目考察时指出，天府新区是"一带一路"建设和长江经济带发展的重要节点，一定要规划好、建设好，特别是要突出公园城市特点，把生态价值考虑进去，努力打造新的增长极，建设内陆开放经济高地。

2018年4月22日，主题为"公园城市•未来之城——公园城市理论研究与路径探索"的论坛在天府新区中国西部国际博览城拉开帷幕，电建路桥主要领导与300余位来自国家相关部委、联合国及规划、建设、经济、社会、人文、生态、景观领域的国内外专家一道建言献策，在为成都市建设"公园城市"的未来探索更多可能性的同时分享了公园城市建设成果。当前，兴隆湖项目、成都天府绿道一期项目已经完工，其他项目正积极推进。

2016年1月31日，坚守在武汉港西排水项目一线的电建路桥员工接受记者采访时说道："4月汛期前我们要完成出江流道的施工，力争让武汉市人民来年不再是暴雨一来就在城区'看海'。"2015年，武汉市防汛抗旱指挥部印发《武汉市防汛抗旱指挥部命令》，面对国内首个以"命令"的形式集中推进工程建设进度的项目，虽然当年项目建设进度可控，但电建路桥员工在春节到来之际依然坚守一线，顶风冒雪，只争朝夕，力争早日完成项目建设，排除武汉城市内涝。

坚持以人民为中心的发展思想，不仅诠释了电建路桥作为"大国重器"和"顶梁柱"的初心使命，也成为电建路桥服务经济社会发展的重要出发点与落脚点。"十三五"以来，电建路桥扎实推进"基层党建巩固提升"工作，提升各级党组织凝聚力、战斗力，让党旗在为民服务一线高高飘扬。电建路桥各级党组织、党员以身作则，扛起全心全意为人民服务的旗帜，架起党联系群众的连心桥。

2020年国庆、中秋假期，湖北武汉共接待游客1882.46万人次，恢复至上年同期的 83.21%。就在几个月前，这里还是全国抗疫"主战场"。突如其来的新冠疫情留下了一段令人刻骨铭心的时代记忆。2020 年，电建路桥坚持人民至上、生命至上理念，虽然承建的武汉排水项目均已完工，但为了保持各类排水系统稳定运行，电建路桥武汉项目仍建立了 24 小时监控、维保等制度，为武汉市统筹疫情防控和服务经济社会发展，服务"六稳""六保"大局，彰显责任央企的使命与担当。

使命与担当融入了城市，也走进了乡村田头。

2016 年 7 月，电建路桥志愿者深入四川省金阳县高峰乡小学开展回访并帮扶贫困学生家庭。大凉山贫困山区彝族师生那不流利、简单甚至有点笨拙的普通话并未阻止路桥志愿者与师生们共同对未来美好生活的期望，电建路桥与贫困山区学生们的沟通和协助的桥梁从未间断……

2018 年，电建路桥在原文明单位创建制度基础上制定全国文明单位创建方案，将各下属单位文明创建工作纳入考核内容，各基层党组织系统组织项目所在地精准扶贫工作。

五年来，电建路桥各级组织及员工主动投入当地社会发展的行动中，在文明创建活动中持续发挥中央企业员工的模范作用。先后参加四川、青海、甘肃等地地震抢险和福建、西安、武汉、河南、广州、山东、海南等地突发的洪涝地质灾害抢险救灾，公司员工组成多个志愿者团队投身当地社会发展和公益事业，近 30 余名员工、20 余个集体获各级地方政府或业主单位表彰。公司 2 次获北京市"首都文明单位标兵"，4 个下属单位获省市级文明单位称号，多个项目获省市和电建集团青年文明号表彰。

"十三五"以来，我国以前所未有的力度和规模推进脱贫攻坚，超 5000 万农村贫困人口告别绝对贫困，贫困发生率从 2016 年的 4.5% 下降至 2019 年的 0.6%，创造了人类减贫史上的一大奇迹。电建路桥不仅服务贫困地区基础设施建设，更全面参与到各项目所在地扶贫工作中。

云南省晋红项目联合地方政府创新以往征地补偿款一次性兑付给村组集体和农民的做法，采用"征收土地补偿费作价入股"的方式，引导被征地的农村集体和农民积极参股，158户村民入股晋红高速项目，享有土地分红长期收益；2017年，烟台市慈善总会为公司烟台项目"电建路桥烟台金山湾慈善义工服务队"命名授旗，服务队多次组织参与当地公益活动，成为当地典范，获地方群众和组织高度认可。

"脱贫摘帽"是新生活、新奋斗的起点。为服务巩固拓展脱贫攻坚成果同乡村振兴有效衔接，电建路桥配合多地政府大力推动基础设施建设，助推区域城乡经济社会新发展。

"电建路桥几个字让我心里充满了温暖和感动。"每当走到北三环中州大道立交，桥上"中国电建路桥承建"几个大字跳入眼帘时，从以往近2小时变成30分钟到达城郊工作单位的郑州市民耿乐心里就有种说不出的感动。自2012年起，电建路桥助推郑州市实施"畅通郑州"工程，先后投资建设郑州市北三环、西三环、东三环、陇海路、中州大道等项目，最繁忙时30余公里近20000人同步建设市政道路工程，工程建设管控难度可想而知，路桥人以建设工期平均18个月的"路桥速度"，向郑州市人民和政府交出了满意的答卷。

住进城市，成为市民，享受市民待遇，这是以往天津市武清东蒲洼回迁小区10000多名村民想都不敢想的事情。2009年伊始，电建路桥在国内率先引入城市建设BT新模式，短短几年内，在天津市武清区10平方公里的土地上铺陈出壮阔蓝图，让一座规划科学、路网畅通、建筑规范、配套完善、生态和谐的武清新城耀世而生，让一种符合中国城镇化建设实际的BT项目操作模式——"武清模式"成为典范。"武清模式"迅速推广到全国，先后有30余个政府和企业到电建路桥津城项目参观考察，为后续多地城市建设提供了经验和借鉴。

电建路桥投资建设的浙江杭州大江东集聚区基础设施项目是行业内首个政府主导、企业全程参与的区域基础设施综合建设项目。项目通过科学合理的投资建设及运营管理，为区域完善城市功能，打造新型交通装备、高端装备制造、新能源、现代物流等主导产业体系提供系统服务及支持方案；投资建设的山东青岛经济技术开发区青岛中德生态园是中德两国首个产业生态园区合作项目，是国内首个以国际标准实施的城市综合体项目；投资建设的山东郓城南湖新区 PPP 建设项目集文化、生态、休闲、旅游、商住于一体，项目以复合型新城定位展开建设，提升城市承载力，带动周边地块的开发建设，是山东省打造宜居、宜业、宜养、宜游新型城市的典型项目。

立足更长远的发展，电建路桥联合国际咨询机构制定印发《电建路桥中长期战略规划》，分析国内外基础设施领域建设趋势，深入探索人民对基础设施建设的内在需求，以承建的大型基础设施项目为依托，强化区域产业合理配置、优化区域交通系统，有效提升人民生活质量，助力区域更强、建筑更美、人民更幸福。

这五年，改革创新潮流竞相奔涌。电建路桥坚定不移全面深化改革，实施创新驱动发展战略，充分激发活力动能，以改革创新成效推动企业高质量发展

"十三五"以来，以促进人民幸福的城镇化为核心、提高质量为导向的新型城镇化战略加快推进。电建路桥先后参与 20 余省、自治区、直辖市基础设施建设，系统打造工程建设可靠性系统，以信息化建设促进标准化建设，先后在国内建筑行业引入高速公路"设计＋施工＋投资"总承包模式、城市建设"BT"等新型商业模式，开创 8 个省市的基础设施项目建设 PPP 模式项目试点，为区域经济发展提供了示范经验；在项目建设中引入行业前沿技术，为建筑引入应有的绿色、人文因素，为多地社会经济发展带来新的、绿色的体验。

2016 年 1 月 8 日，在 2015 年度国家科学技术奖励大会上，电建路桥参建的京沪高速铁路工程荣获国家科学技术进步特等奖。作为世界上一次性建成里程最长、技术标准最高、投资规模最大的高速铁路，电建路桥参建的土建三标北起济南、南至徐州，全长 266.617 公里。工程建设期间，京沪三标在全线率先完成铺轨任务，实现"主体工程质量零缺陷"，一次性顺利通过单位工程验收、静态验收和初步验收，6 项科研成果获中国施工企业协会科技进步奖，13 项成果获京沪公司科技进步奖，8 项成果获中国电建科技进步奖，取得国家级工法 2 项、省部级工法 5 项。

五年来，电建路桥坚持秉承敢于创新、勇于创新、善于创新的精神，成立工程设计研究院、试验检测公司、工程勘察设计院等专业科研机构，公司"院士专家工作站"获批挂牌，联合清华大学、同济大学成立专业研究院，不断加强新理论、新技术、新方法和新工艺的理论研究与应用，承建项目获"中国建筑工程鲁班奖""国家优质工程""李春奖"等国家级最高奖项，获多个省部级科技进步奖、国家级工法和发明专利等科技成果。

"十三五"期间，以供给侧结构性改革为代表，电建路桥按照中国电建战略部署，一系列标志性、关键性、引领性的改革落地生根。

梳理企业管理流程，编制下发《公司流程优化及权责清单》，企业标准化管理水平进一步提升；科学调整总部部门变革，管理体系向"弱大部制"过渡，公司组织架构向"更能承接战略、更加面向市场、更好服务项目"的方向转变，积极推进区域市场深耕建设，推动形成科学合理的管理评价机制，提高资源配置效率。

全面推进全过程预算管理，发挥预算引领作用，完善业务预算先行、全覆盖面、全级次管控机制，强化预算执行的过程管控和刚性约束；高新技术企业认定工作驶入快车道，降杠杆减负债、两金压降、提质增效、亏损企业治理等专项重点工作稳步推进。至2020年，电建路桥获28家银行综合授信总额615.04亿元，主体信用持续维持AAA级，资金调剂和费用控制不断加强，管理和财务成本实现双降，智能化账务处理实现业务全覆盖。

组建项目管理委员会，总体协调前期策划和重大节点管控，打通前中后端管理，实现项目资源价值最大化；以"全链条"为导向，强化成本管控体系，按照全生命周期成本理念向两端延伸，使企业及业主双方利益得到最大保障。

全方位与产业链相关单位展开合作。通过完善的企业合作单位评价体系，联合咨询单位、规划单位、研究机构、生态环保等行业领头机构、企业，实现基础设施项目规划、设计、投资、建设全产业链管理，提升区域基础设施建设的科学化、合理化，统筹利用资本、科技、文化、产业等资源，为区域经济社会发展打造新动力源，为区域可持续发展提供系统解决方案，为人民群众提供更人文、更绿色的建设服务。

按照国家、区域发展战略，电建路桥全面践行中国电建"建设地方、服务地方"的企业理念，服务地方建设。开展高端营销，与山东、河南、河北、湖北、广东、新疆、重庆等地政府进行高端对接，签署全方位战略合作协议；以"股权合作+EPC"方式与地方政府开展深入合作，与多个地方政府平台公司进行创新合作，在高铁、文旅、供水、固体废物处理、砂石骨料等市场、领域贡献路桥力量；中标浙江甬台温高速公路，山东潍烟、莱荣高速铁路等重大项目，推动区域新型交通发展；承建沈阳汽车城智慧路网及配套公共服务建设 PPP 项目，助力"东北振兴"；参与雄安新区高铁站至 S333 连接线和省道 S333 东延项目建设，推进雄安新区交通发展布局。

五年来，电建路桥 9 家区域公司已全面切入区域经济社会服务中，上海、湖北、东北 3 家区域公司建设正随相应项目建设紧密推进，区域化市场体系全面运行，区域公司法人化有序推进，环境、勘察、设计、检测等专业公司实力不断取得新突破。

一系列成效以数据显现：2020 年，电建路桥预计实现营业收入 395.07 亿元，完成年度目标的 114.28%；预计实现利润总额 25.50 亿元，完成年度目标的 207.48%；预计实现净利润 17.07 亿元，完成年度目标的 274.79%。截至 2020 年 11 月，完成新签合同额 626 亿元，完成年度目标的 115.93%。

这五年，碧水蓝天扮靓美丽中国。电建路桥坚决贯彻绿色发展战略，当好绿色生活的建设者，推动城乡转型发展，助力打赢蓝天保卫战

2019 年 4 月 8 日至 11 日，中共中央政治局常委、全国人大常委会委员长栗战书率全国人大常委会执法检查组在四川检查水污染防治法实施情况期间，专程来到公司投资建设的天府新区兴隆湖湖区，了解生态水环境综合治理情况。

栗战书强调，要以习近平新时代中国特色社会主义思想为指导，全面贯彻习近平生态文明思想和党中央决策部署，落实法定领导责任、工作责任、监管责任、执法责任，用法律武器治理水污染、保护水生态，筑牢长江上游生态屏障。

总体规划面积5360亩、水域面积4500亩并被誉为天府新区"生态之肾"的兴隆湖项目，是国内首例全新打造城市水环境循环系统的项目，也是中国当前新建最大的人工湖泊项目。电建路桥建设者在兴隆湖项目的设计打造上，充分发挥中国电建"懂水熟电、擅规划设计"的优势，创新采用截、引、蓄、渗四大理念，充分利用现有地形构建高滩湿地和生态湖泊的海绵城市方案，确保湖区水源、水质安全，构建达到欧洲标准的"蓝色"生态湖泊，工程集防洪、灌溉、生态、景观等于一体，成为成都水环境综合治理的一张亮丽名片。

环境就是民生，青山就是美丽，蓝天也是幸福。只要人民群众还有期待，电建路桥的拼搏就不会停歇……

2019年2月1日，十岁的小女孩尚尚来到公司北京通州水环境治理项目部驻地，陪同春节期间坚守项目一线的爸爸过年。2017年，公司通州水环境治理项目全面开工建设。面对项目施工点多面广、征迁协调和管理难度大、北方自然条件对环境治理的制约等多项难题，众多电建路桥人迎难而上，联合利用多方优势资源，采用行业先进技术手段，全力推进项目建设。到2018年年底，通州项目黑臭水体治理工程和农村生活污水治理工程（第一批）清淤和截污管线敷设完成100%；5座污水处理场站完成建设并具备污水调试条件；城南水网和港沟河治理工程两个子项目有序推进；在通州区政府6次履约考核中蝉联第一；获北京市水利建设市场主体信用评价AA级……

2019年3月21日，水利部部长、国家防汛抗旱总指挥部副总指挥鄂竟平在郑州市视察指导工作期间，深入电建路桥投资建设的郑州市贾鲁河综合治理工程现场开展调研。他说："中国电建有着光荣的传统，在国家的水利水电建设中发挥着重要的作用，曾在国家南水北调工程中作出了积极贡献。希望广大建设者继续发扬优良传统，将贾鲁河这张郑州市的新名片建设好、打造好，早日造福郑州广大市民。"

至 2020 年，贾鲁河综合治理工程的一期项目已基本完成建设，流域面积 1915.11 平方公里，482 万人已切身体会到治理后贾鲁河流域水环境、空气质量和水生态改善的绿色福利。如今，贾鲁河已经变成水清岸绿、河面宽阔、鸟语花香的生活休闲好去处。每逢周末，郑州市民纷纷前往贾鲁河两岸赏景散步，享受人民群众应有的绿色美好生活。

在郑州市民乐享贾鲁河治理成果的同时，在郑州市政府与公司的共同推进下，贾鲁河部分经设计优化和功能提升河段的建设还在快速推进，贾鲁河的明天必会更美丽……

绿色发展是构建高质量现代化经济体系的必然要求，是解决污染问题的根本之策。绿水青山就是金山银山，我国在全球生态文明建设中持续发挥重要参与者、贡献者、引领者作用，全力打赢蓝天保卫战，稳步推进美丽中国建设。

"建设比自己生命更长久的建筑艺术"是电建路桥的企业使命。不仅在环境治理领域，在各类基础设施建设中，电建路桥均着眼于工程建设的前沿科技，统筹国内外顶级科研院所和优质环保企业资源，构建了规划、设计、投资、建设、原材料供应、设备制造和运营管理的全产业链环保产业集成平台，实现资源和技术共享，形成了资源集成、各具优势的环保产业联盟。

湖北武汉海绵城市项目通过加强城市地下管线的建设管理，保障了城市安全运行；河南南阳月季园项目作为 2019 年世界月季洲际大会主会场，接受了来自世界各地参会人员的参观游览；成都市环城生态区生态修复综合项目（南片区）一期项目作为成都市打造公园城市重大支撑性工程之一，拉开了成都市规划 16930 公里的天府绿道体系建设序幕；陕西西安沣河综合治理工程作为西安市"八水润长安"城市发展战略重点工程，成为中国西部城市生态建设的开篇之作；山东东营金银湖片区项目的推进，推动东营市由原资源型城市向人文、旅游、宜居、宜养方向转型发展；随着一大批特色小镇、土壤治理、文旅康养、城市综合开发、水资源、建筑材料等新业务项目的推进，一系列智慧政务、智慧水务、智慧交通、智慧能源、智慧医疗、智慧教育、智慧物管、智慧养老等科研成果成功转化运用，成为人民群众便利、幸福生活的重要助力……

这五年，中国对外开放大门越开越大。电建路桥全力服务中国电建发展战略，助力集团公司国际化发展，为构建人类命运共同体贡献力量

2020年11月26日，澳大利亚，电建路桥投资的牧牛山风电项目建设—移交运营仪式以视频会议方式举行。这标志着中国电建在发达国家市场成功落地的第一个可再生能源投资项目从建设阶段全面转入运营阶段。建设中，电建路桥与合作伙伴同舟共济、携手奋进，克服塔州森林火灾、极端雨雪天气、新冠疫情等重重挑战，高标准、高质量地完成了项目建设任务，成功实现了经济效益和环境、社会效益的完美结合，有效维护了当地自然生态，为其他国际项目树立了典范和标杆。

"十三五"以来，我国对外开放持续扩大，共建"一带一路"成果丰硕。中国电建积极落实人类命运共同体理念，全力服务和推进"一带一路"建设，中国电建已成为全球基建领域知名品牌。

五年来，面对中美经贸摩擦引发的双边关系进一步恶化、全球新冠疫情持续蔓延等复杂严峻的国际经营形势，电建路桥按照中国电建发展战略，迎难而上，积极谋求在变局中开新局。

2020年，在新冠疫情严峻形势下，电建路桥联合合作单位积极作为，先后合作中标波黑和吉尔吉斯斯坦项目；自我经营的泰国铁路、水利两个项目将于近期签约；老挝、印度尼西亚、缅甸、喀麦隆等投建营一体化项目有序推进；在新能源领域，顺利加入国际新能源INES平台，为未来深度参与新能源项目做了良好铺垫。在内部建设方面，高素质国际化人才梯队不断完善，内部规章制度、财务模型完成搭建，为后续国际业务快速发展奠定了坚实基础。

目光转向中国西部的重要城市——成都，自1997年，由商务部、国务院三峡办、中国贸促会和重庆市人民政府共同主办的中国（重庆）国际投资暨全球采购会已连续成功举办二十二届，成为全球贸易盛会，吸引了世界各国目光。自 2013 年起，电建路桥张开双臂，代表中国电建多次参会并积极与主要战略伙伴对接，挖掘成交潜力，开展多元合作。

国之交在于民相亲，民相亲在于心相通。在参与"一带一路"建设过程中，电建路桥将秉持中国电建"长期化、市场化、本土化"经营，积极履行社会责任，树立良好的企业形象。

五年栉风沐雨，五年砥砺奋进。

回首过去，辉煌的成就将被历史铭记。展望未来，壮丽的征程正从此刻开启。

站在实现"两个一百年"奋斗目标的历史交会点，在以习近平同志为核心的党中央坚强领导下，在中国电建集团的正确领导下，电建路桥将始终保持永不懈怠的精神状态和一往无前的奋斗姿态，牢记初心担使命，阔步迈向新征程，奋力谱写"十四五"开局之年改革发展新篇章，为把中国电建建成世界一流企业而努力奋斗，为全面建设社会主义现代化国家、实现中华民族伟大复兴作出新的更大贡献。

（原载中国电建网 2021 年 3 月 22 日）

本节思考：

通过范例文章的阅读，作者所在企业的哪些历史通过文章得以推销并实践？读者所在企业的新闻作品又应该从哪个角度来推销企业历史并结合企业发展实现历史成就的转化提升？企业新闻在日常新闻中应该如何推销企业历史？

推销同行

在当前建筑领域，一项伟大工程的建设远远不是一家企业、一个行业或者一个国家能实现的，只有联合多个建筑相关领域的多个单位，才能最终完成各项伟大的工程。

2016年，笔者撰写的"只为来年不'看海'"在集团公司网站发布后，中国电建所属多家参建单位纷纷予以转发和转载，"让武汉不再'看海'"成为武汉项目建设期的一个"新名词"，催人奋进。在与水电八局、水电十一局等多家单位的共同努力下，2017年，武汉排水项目两个子项目获"湖北省水利工程建设文明工地"称号；2021年，企业与水电八局联合建设的武汉排水项目子项目后湖四期泵站获"2018—2020年度中国水利工程优质（大禹）奖"，这是企业在水利水电工程领域获得的第一个"大禹奖"。

2020年，笔者所在企业参与建设的梧州至柳州高速公路工程、雅安至康定高速公路工程荣获2020—2021年度第一批公路交通优质工程"李春奖"，这是公司首次获得公路建设行业最高奖项。其中，梧州至柳州高速公路工程仅施工单位就多达11家，雅安至康定高速公路工程的参建企业更是多达17家。2016年，企业参建的京沪高铁获国家科学技术进步奖特等奖，有29家企业、大学或机构参与和参建。在29家企业、大学或机构中，很多还是企业总部，如果按总部下属子企业统计的话，远不止29家。

在"集团武汉排水项目两个子项目获'2016年度湖北省水利工程建设文明工地'称号""公司参建的京沪高铁荣获国家科学技术进步特等奖"两篇企业内部报道中，也列出了相关参建单位、合作单位。在撰写新闻稿件时，这是常常被一些企业所忽视的。

企业新闻相比媒体传播范围较小，在建立企业新闻宣传体系时应针对新闻受众范围，通过有机联系将之扩大到企业外部、企业业主、企业合作方、可能存在的客户等，扩大宣传圈、读者圈，利用企业新闻维护好企业内部关系、业主关系、客户关系，使企业宣传与企业发展相适应。

附——

集团武汉排水项目两个子项目获"2016年度湖北省水利工程建设文明工地"称号

2月15日,集团旗下电建路桥公司收到湖北省水利厅来文,由电建路桥公司施工总承包,水电八局、水电十一局分别承担施工任务的武汉后湖泵站三期机组改造及后湖四期泵站工程、武汉港西二期泵站及配套管道工程荣获"2016年度湖北省水利工程建设文明工地"称号。

本次湖北省文明工地评选参与单位多、评审程序严,湖北省评审专家多次到项目实地考察,后湖泵站、港西泵站项目因安全管理规章制度完善、工程建设程序规范、质量管理体系完善、与周边群众协商良好、施工环境良好等,得到专家组的一致认可,并最终获此殊荣。这既体现了湖北省政府对武汉市排水类民生工程的重视和认可,也展现了集团旗下成员企业在城市水环境治理类项目中的管理水平。

该项荣誉的获得,是对集团武汉排水项目全体参建者付出的肯定,在激发他们持续做好项目安全文明施工和质量管理决心的同时,武汉项目全体参建人员将继续强化项目管理,并发挥文明工地对其他工地的示范和榜样作用,继续创精品工程,展现并树立"中国电建""中国电建路桥"良好品牌形象,为集团在湖北其他区域的市场开拓夯实基础。

(原载中国电建网2017年2月20日)

附——

公司参建的京沪高铁荣获国家科学技术进步特等奖

1月8日，在2015年度国家科学技术奖励大会上，中电建路桥集团参与建设的京沪高速铁路工程荣获国家科学技术进步特等奖。

京沪高铁是世界上一次性建成里程最长、技术标准最高、投资规模最大的高速铁路。中国电建集团承建的土建三标合同额166亿元，北起济南、南至徐州，全长266.617公里。工程建设期间，京沪三标在全线率先完成铺轨任务，实现"主体工程质量零缺陷"，一次性顺利通过单位工程验收、静态验收和初步验收，6项科研成果获中国施工企业协会科技进步奖，13项成果获京沪公司科技进步奖，8项成果获集团公司科技进步奖，国家级工法2项、省部级工法5项，获2010年全国五一劳动奖状、铁道部火车头奖，在铁路建设领域树立了较好的企业品牌形象，积累了丰富的施工建设经验，形成了专业的管理和施工队伍。

在京沪高速铁路建设过程中，在电建集团（股份）公司领导高度重视并亲自参与、有关部门大力协助下，担负基础设施部职能的中电建路桥集团牵头整合了集团水电三局、水电四局、水电五局、水电七局、水电八局、水电十三局、水电十四局等众多优势资源，全体参建人员充分发扬中国电建人"特别能吃苦、特别能战斗、特别能忍耐、特别能团结、特别能奉献"的精神，克服了时间紧、任务重、技术难度高等困难，顺利完成全部建设任务，为实现集团公司开拓非水电市场的战略部署，确保中国电建集团的战略转型升级作出了突出的贡献。

（原载中电建路桥集团有限公司网2016年1月11日）

本节思考：

企业新闻作为从企业自身利益出发的稿件，为什么要推销同行？又为什么要在本企业的宣传平台宣传其他企业或单位？这样做对自身有什么好处？对促进企业品牌建设有何作用？

推销情感

品牌建设中有一种做法叫做"创造并保持联想",其做法是通过对自身企业或产品的定位,为企业或产品建立相关联的事物,从而产生一定的影响力,当多种联想交织在一起时,能有效提升的企业或产品形象。比如当人们想到一个品牌,会自然地想到该品牌的产品、服务、形象及其生产企业,但同时反过来看,是不是存在消费者因为某一件事、一个人、一段话而拒绝某些品牌或某些企业的现象?由此可以得出,企业品牌建设是一个长期性、系统性的大工程。

中央建筑企业的品牌建设也是如此。2016年8月16日,晋红项目发来一篇有关项目组织捐资助学活动的感受文章,作者讲述了自己参加活动的感受和对大凉山孩子们的一些情感,文章改起来很慢,22日才上报到电建集团网站,成为中国电建集团最早开展扶贫工作的专项重点报道文章之一。

此后,随着中国电建集团扶贫工作的深入,这方面优秀新闻稿件层出不穷。资料显示,截至2020年年底,中国电建共向定点帮扶的剑川县和民丰县捐赠资金1.5178亿元,开展项目投资和引入社会投资约19亿元,两县建档立卡贫困人口全部"清零"。集团所属33家成员企业按照地方党委政府的统一部署,在81个村镇圆满完成各项扶贫任务。集团扶贫办获得中共中央、国务院颁发的"全国脱贫攻坚先进集体"荣誉称号。

在当前的融媒体时代,自媒体经常采用的软文营销的方式与此稿的写作方式有相似之处:开头先写一个感人至深的故事,然后联系到某产品。国有企业很少采用这类做法,究其原因是这些内容经不起考验,虽然一段时间内很博眼球,但是从长远来看,容易对国有企业品牌建设产生负面作用,导致不良宣传效果。

但是,这是否意味着企业就不讲故事,不推销情感了呢?

其实不然。很多宣传工作与品牌建设研究成果提出,一个好的故事能抵上100篇甚至更多的企业新闻稿,讲好企业故事,以情感打动读者并引起共鸣应当是所有企业宣传工作者的追求，只不过在表达方式、实现方式上应当有所区别，要做到合情合理、真实可查。

品牌产品研究结果指出，产品带给用户好的感受分为 3 个方面：感知方面是感官的快感，感受方面是思想的快乐，感怀方面是心灵的喜悦。3 个方面层层递进，逐步提升。

在企业品牌故事写作中，引起感知方面快感的一定是企业发生或者与企业相关的某个故事；感受方面则是因了解企业故事而引起的感动；感怀方面则是在回想起这个企业故事时有所感怀，从而增加读者联想到企业的概率。这也是资深记者们总说的，"在新闻写作中要以小见大，要将大事写小，将小事写细"。只有这样，企业新闻才能通过文字作品带给读者感知，带来感受，产生感怀。

附——

凉山：愿世界待你以温度——中国电建捐资助学纪实

几年前看到一个叫"变形计"的节目，讲述大山里面孩子们生活的艰苦，虽然半信半疑，但内心里还是种下了一颗关于大山和孩子们的"种子"，并结出了许多好奇和牵挂的果实。最早对大凉山的印象，来自身边人的只言片语，后来无意间在互联网上看到那里孩子们清澈、渴望的眼神，感慨万千。

偶然的机会，我们与凉山孩子们联系在一起

以前"公益"这个词与我很遥远，总以为只有自己条件足够好才可能去"帮困扶贫"。

机会来得很突然！

2015年年初，在中电建路桥集团的支持和晋红投资公司领导的指导下，一个为凉山地区捐款的活动策划正式在项目出台。活动由晋红投资公司党工委牵头、团支部具体负责组织，我作为项目团支部人员参与其中。在大家的努力下，很快，项目"爱心捐款倡议，为凉山学生献爱心"活动拉开帷幕。

一张倡议书贴在了晋红投资公司、总承包部、项目分部的办公区，向全体晋红建设者发出捐款号召。没有进行大肆宣扬、没有行政强调，倡议书内容却在很短时间内就传遍了项目全线！

从各级管理单位领导到一线作业人员，大家纷纷慷慨解囊。一些在施工现场忙碌的一线人员，因为走不开，委托班组长将捐款带到了标段项目部，很快，汇总到投资公司团支部。

5元、10元、50元、100元、500元……满载着对凉山学生的关爱。很快，39000元爱心捐款筹集了起来，传承"中国电建"责任、奉献的企业精神，全线所有的建设者都想为大山里的孩子们尽一份力。作为项目团支部活动的组织人，望着短时间就汇集到一起的捐款，我在详尽登记整理好捐款数目的同时，也深深陷入沉思，如何将捐款落到实处，将项目全体建设者的关爱切实落到大山里孩子的身上，我责无旁贷！

捐款活动告一段落，晋红投资公司领导高度重视活动开展情况，安排我尽快将筹集到的款项寄给孩子们。借此机会，我将电话打进大山深处，电话接通，听筒里响起金阳县高峰乡小学校长尔古子清那不流利、简单甚至有点笨拙的普通话，不失礼节的话语，留给我的满是震撼、不忍和心疼！感谢的话他一直在说，我能切身感受到他发自内心的真诚。

瞬间，我再也没有因为自己所谓的"爱心"而感到一丝丝自豪和欣慰，而是多了许多愧疚。想起老校长的话语，我都不禁会思考，难道这就是我能为他们所做的？何不自己过得更为节俭，让孩子们过得饱食暖衣？内心里经常会泛起一丝冲动，我真想去看看山里面孩子们的生活,看看他们的学习和成长。

时间来到了 2016 年的夏天,在投资公司的支持下,项目团支部将捐款回访活动列入了支部活动的主题之一。2016 年 6 月 1 日,我和项目的青年志愿者一行 3 人走进苍苍茫茫的大凉山——一个满是山峦和云彩却又充满传奇色彩的地方。带着 2000 余项目参建人员对大山深处孩子们的牵挂,去实地体会想象中的"艰苦"和"贫困"。

从未有过的体验,行走在大凉山的路途中

火车下午从昆明出发,凌晨 4 时到达西昌,微冷的空气里,充满新鲜和宁静。

没有大城市那样的发达,但是也非常不错——安静、整洁。出站口的人群中传来吆喝着让我们坐车的声音,身边围绕着说彝语的老乡,在这样的氛围里,我们觉得来到了"异域"。金阳县政府、教育局的领导们甚是热心,在住所稍作休整,天亮后他们就安排人接我们,11 时准时出发去金阳县城(当天要走的 270 公里路中有一半正在修路,全天车辆单向放行时间只有中午 12 时到 1 时)。

出发后,高悬山脊的崎岖山路和陡峭的悬崖让我顿时紧张起来。司机却打趣地问道:"李师(注:云南方言,称呼),你看起来有点紧张啊?"

我假装镇定极力否认,事实上我第一次看到如此提神的山路,右手边都是深不见底的悬崖峭壁,手心一直冒汗。一路上汽车爬坡、下山,山顶的雾让人如临仙境,山脚下绿意盎然,本想这漫漫的长途可以好好睡上一觉,全程却完全没有一刻可以打个小盹儿,车子在一路的颠簸中安全行至金阳县城时,已近傍晚。

受自然环境制约,金阳是一个建在半山腰的县城,县城就建在这狭窄的"坝子"上面,最繁华的地方也不及我家乡的镇子,草草收拾入住县委提前安排好的招待所,条件虽然简陋,却是当地高规格的接待了。

第二天一大早，从县城出发去高峰乡，途经索玛花走廊。索玛花又称杜鹃花，漫山遍野都是，很是亮丽。然而高处不胜寒，只有海拔高的地方，才会有紫色的花。开车的师傅说，今年5月下了一场雪，花苞被冻伤了，索玛花没开好，等明年再来，肯定开得很好。经过了花海，是连绵起伏的高山，山连着山，从不间断，蓝天、白云、高山，相互映衬。

一路，我都在想："明年，还会再来这里吗？"

一路远去，还看得见那显眼的山顶，那是金阳县最高峰——狮子山，海拔4075米，高大、突兀。前一天一场暴雨，路边随处可见塌方，这一走又是4小时。快到目的地时有一段盘曲的下山路，高峰乡中心小学就坐落在蜿蜒的山路尽头——深深的大凉山脚下。

爱心是最好的桥梁，我们和孩子们在一起

高峰乡小学共有100多名学生，加上校长共有7位教师。由于地势复杂，与外面联系的就只有一条盘山路，交通不便。乡里的条件很艰苦，学生们上学需要走很远的山路，那里经常停电，手机一般没有信号。

到了学校，不是我们所想的一群孩子热情地围上来。恰恰相反，孩子们羞涩、害怕，远远地躲着我们，本想用心和孩子们交流一番，更为现实的是，他们没几个人能听得懂汉语。

去之前我们就想着，要看看当地到底是一个怎样的生活环境。跟学生简单接触后，和学校老师一起从学校出发，沿山路走访几位贫困学生的家庭，看看他们的家里是一个怎样的生活环境。村口老乡们好奇地看着我们，恍惚间觉得这里与外面的世界隔了几个世纪，让我们有点不自在。

走着走着，我们的队伍壮大了很多，老乡们、孩子们都跟着一起走。这里的老乡一家只有一间房子，厨房、卧室、圈养棚都在一起，显得格外拥挤。攀谈后才了解到，原来这是他们一直以来的生活习惯，自家的牲畜在他们的心中像孩子一般。还听说了一个故事：当地一家宰了一只鸡，男人把炖好的鸡肉给孩子们吃了，留下的鸡汤都不舍得给其他人喝，却是喂给了自家的牲口。我们给几户老乡带了点大米和清油，由于人手有限，实在带不了太多东西。当地一户牧民家收到简单的礼物后露出笑容，情绪十分激动，虽然语言不通，也能感受得到那份由衷的谢意。

触景才会生情，看过他们艰难的生活环境，一行几人心情都很沉重。但是尽管这里没有一间完好的房子，没有一条平坦的道路，没有一块平整的土地，糊口的只是一些土豆和青稞面，基本生活都很难保障，老乡们还是乐观、积极地面对生活，让我们感受到了那份来自内心的阳光心态。

回去时走的是另外一条路，踏着草地，到了学校食堂。食物远比我们走访中看到的要丰盛，他们竭力用最好的食物招待我们这几位远道而来的客人。餐后我们本想住一个晚上，看看这里的夜、这里的星，多接触这里的人，多留下一些记忆，却因为种种原因只能匆匆离开。

车沿山路前行，在山顶停车的间隙，金阳县教育局局长尔古把依然沉浸在回忆中的我拉下车，指着远处紧邻金沙江的山峰说，那就是四川和云南的交界处，中间数不清有多少山峦。

望着眼前的大山，我在想，那些山峦的每道坎下都应该住着人，都会有一些跟这里一样的孩子吧！跟局长告别，我们踏上返回的路，从金阳赶到西昌，然后回到昆明，到达玉溪，完成了捐款回访任务。

圆了自己的梦想，完成了企业赋予的使命

带着企业的使命我们走进了大凉山深处，带着同事们的委托我们将书本、文具和关爱带到了深山孩子们的身边。在返回的路上，我们心里无比欢喜，因为这次行程不仅完成了企业赋予我们的使命，实现了自己长久以来的心愿，更通过实地考察，在我们与大山深处的学生们间架起了一座沟通和协助的桥梁。

一次简单的访问，让晋红项目和凉山紧密相连。作为中央建筑企业中的一员，我们不仅在修建高速公路，也在建造着企业与社会之间交流联系的桥梁，用我们的行动为需要帮助的人做一些有价值的事，也想让更多的人感受到中国电建路桥和晋红高速公路项目全体人员盼望祖国富强、远离贫困的心愿。

有时候，我会想起他们那一声声的感谢话语，一句句极不标准、勉强能听懂的普通话，那是他们最朴实的表达！

凉山里善良的人们，希望你们不畏眼前穷困，积极向前走去，相信你们的明天会好起来。改变贫穷落后不是一朝一夕之功，有所行动即是好，和你们对美好生活的向往一样，我们愿意也必将把这种对美好生活的向往和行动随项目建设地的变更带到更为广阔的区域。

愿所有人的明天都能够过得更好！

我们是中国电建路桥！

（原载中国电建网 2016 年 8 月 22 日）

本节思考：

通过阅读本节推选的文章，读者能对所在的单位产生哪些联想？这家企业给你留下了什么印象？读者在自己的企业是否存在那种感觉自己平常一直做，直到看到别人写出来的文章后才反应过来我们就是这样做的感觉？企业新闻在推销情感方面可以从哪些方面着手或者说打开思路？

推销员工

品牌管理学认为,良好的企业品牌有助于提升员工地位、提高员工收入,能使员工获得更好的社会资源,能降低工作难度、有助于员工的职业发展,反之亦然。良好品牌的发展需要员工长期保持高效率的工作,需要员工强化对企业品牌的保护,需要通过员工行为或者行动为品牌注入创新活力或人文价值。

众所周知,企业员工的形象在一定程度上代表了企业的形象。那么企业新闻宣传好本企业的员工是不是就意味着在树立企业的形象?选树先进典型或代表人物是不是也在提升企业的品牌形象?

中央建筑企业的特殊性注定了企业无法以代言方式开展品牌创建工作,如果可以代言的话,唯有取得重大工程业绩或具有优秀特质的员工才能综合绘出企业的形象。好消息是这种整体形象涵盖范围很广,企业员工所有的优秀特质都可被其包容和接纳,这减少了企业宣传工作的限制,带来了便利!企业新闻撰写的人物通讯可以是多种多样的正面形象。

企业先进典型的树立与宣传容易出现文字稿件不能完全展现人物实际成绩、工作的情况,这样非但不能发挥企业宣传引导作用,反而会带来负面效应。企业对先进典型的宣传文字应采取严格的审核和发布标准。

从原则上来说,见人、见事、见思想是企业人物宣传最基础的标准,在此基础上联系企业特点、区域特点、时代特点,将典型人物形象提升至符合企业品牌宣传的高度。

附——

> "会唱山歌"的基层党支部书记
> ——记电建集团(股份)公司优秀党务工作者钟有兴

"做一行、爱一行,专一行、精一行,行行都出状元郎。"这是江西兴国县被列为国家级非物质文化遗产的"兴国山歌"中的一句歌词。

作为江西兴国人,钟有兴却告诉记者:"我自小随父母辗转在各地工程建设现场,家乡很少回去了,家乡被列为非物质文化遗产的'兴国山歌'确实不会唱。"

1992年参加工作,曾做过后勤,管理过最一线的施工作业队。2007年进入电建路桥公司,先后负责过成名公司、渝广总承包部两个重大基础设施项目的综合管理工作。在工程建设单位号称"最繁杂无序"的综合管理工作中,在来到路桥公司的9年时间里,他年年被评为路桥公司先进工作者、优秀员工、优秀党员、优秀基层党务工作者。2016年6月,钟有兴被电建集团(股份)公司评为2015—2016年度优秀基层党务工作者。

做学结合的"'才子'员工"

钟有兴参加工作前学的是内燃机专业。面对工作单位工程建设主业,他一边从身边同志身上学习,一边强化自身知识积累,在加入路桥公司前,他先后取得水利水电工程管理专科和工程管理本科文凭,并成为所在单位专业从事工程管理的骨干。

"我来路桥前一直做的是工程管理方面的工作,听说要来路桥工作,在专业方面我毫不担心,我学的做的都是这个,怕什么。"

变化却来得很快。2007年10月,因组织需要他被分配到路桥公司成名项目公司任综合部副主任并主持工作,参与项目公司组建并负责党务、人力资源、宣传、后勤、对外协调等与工程建设一线管理性质截然不同的工作。

"那时候,这么快就让我脱离工程现场管理转成综合工作,我没想到,但组织交给的任务么,不光得做,也不能出纰漏啊。"

结合多年在工程建设单位工作的经验,他一面参与到千头万绪的项目公司组建和各类规章制度建设中,一面协助领导建立完善项目党工团组织和其他管理机构,一面强化自己党务等综合知识的学习。

在电建集团、路桥公司和成名公司的共同努力下,2007年11月,中国水利水电建设集团(时名)和成都市、雅安市政府签署邛崃至名山高速公路BOT项目投资合同,这是成都市第一条以BOT方式建设的高速公路。在项目公司全体员工的努力下,同年12月,项目在控制性工程南河特大桥处破土动工,实现了大型工程项目3个月内组建机构并开工建设的"中国电建""中国电建路桥"效率和速度。一系列工作的顺利推进和他与项目公司全体同志的努力密不可分。

"钟有兴这位同志,工作思路清,点子多,在我们项目是各方面工作都能有主意、有好点子的'才子'。"采访中,渝广总承包部总经理李联成这样说道。

冲锋陷阵的"一线员工"

脱离工程建设现场管理工作后,钟有兴所从事的综合管理工作的性质决定了他更多的精力需要放在项目各种整体事项的协调和落实上,工作上渐渐脱离了项目建设一线。

"我是从一线走出来的,虽然现在工作上和一线不一样了,但要是思想上脱离一线、脱离群众,要不得呢。"在四川地区待的时间长了,钟有兴的话语开始带着淡淡的四川口音。

而在实际工作中,他也正是这样做的!

2008年5月12日，灾难突来！四川汶川发生里氏8级特大地震，最大烈度达11度。灾难当头，义不容辞！当时，钟有兴所在的成名公司作为中国水利水电建设集团（时名）距离灾区最近的施工单位，迅速组织起150余人、20余台机械的抢险救灾队前往灾区抗灾抢险！

钟有兴在协助公司领导组织人员参与抗震救灾后期保障的同时，积极组织开展相关新闻报道工作。5月中旬，中央二台经济频道记者前往灾区采访中国电建集团参与抢险救灾情况，作为成名公司负责宣传工作的负责人，在当时灾区余震频发的情况下，他主动陪同记者到一线采访，并为公司拍摄了大量珍贵的新闻照片素材。

而记者从侧面了解到，自灾区回来后，钟有兴一直有的一个特殊习惯更加突出，就是他买皮鞋也是买系鞋带、偏运动鞋类型的。而记者从项目一线老员工那里了解到，经常上一线、去工地的人很多人都这样，因为这类的现场路都比较难走，这种鞋遇到泥泞地不容易滑脱，方便。

心系员工的"兄长和亲人"

虽然是身高1.78米的个头，但钟有兴的心细如发和热忱真诚是与他共事过的同事众所周知的。

2013年10月，渝广总承包部的员工王强（化名）被查出肝部患有严重疾病，需要立即手术，而他家境贫困，自己的工作是家庭的主要收入来源。他还有一个在上学的女儿，手术和其后续住院需要的大量资金是他自己无法承担的，而且手术成功率也不高，他想就这么扛下去。

钟有兴知道这一情况后，劝说他立即手术，自己拿出3000元，组织总承包部员工为他捐款25680元，王强终于进行了手术。住院期间，在钟有兴的安排和带动下，渝广项目综合部的员工们每天自发地轮流在下班后去医院照顾他，除了让一直照看他的爱人能够休息一下，还为他准备各类必需品，和他聊公司的近况以及同事之间的趣事，舒缓心情，为他打气加油。前后两个多月，从不间断。

王强术后恢复的初期，情况不太理想，医生说一种特制药可能有更好的疗效，但是十分稀缺，北碚区各个医院都没有存货。钟有兴又带着部门同事，分别前往重庆市各大医院逐个问询，多方打听，终于找到了这种药。

在大家的关心和期待下，王强顺利康复，重返工作岗位。当记者问起当时是如何挺过来的，他说："我庆幸自己在这么好的集体中，更要感谢钟主任。他和项目上的兄弟姐妹们不仅帮我解决资金等燃眉之急，更用那种像对待自己家人一样的热情和真诚，让我在最艰难的时候始终觉得世界这么美好，有项目这个'大家'在，希望一定会有！"

2012年，渝广总承包部保洁员刘云（化名）的丈夫不幸遭遇车祸，腿部截肢，给她本就困难的家庭致命一击。钟有兴知道后，立即组织大家捐款7420元，帮助她家渡过难关，刘云向总承包部送来了锦旗表示感谢。

"钟主任是项目文体活动的积极分子，我现在时常锻炼的好习惯和那时候在项目上他经常拉我打球和运动密不可分。"一位曾经在钟有兴负责部门工作过的员工向记者说道。

作为项目党工团工作的部门负责人，在周密落实相关党工团正常工作的同时，钟有兴注重发挥党的各级组织职能，通过组织职工篮球比赛、夏送清凉、新春慰问、"导师带徒"和"争创青年文明号、争当青年岗位能手"等各种活动，带动项目员工养成良好的工作、生活习惯，项目团队形成了整体向上良好的氛围，为项目建设的顺利开展创造了和谐的人文环境。

苛刻严谨的"导师、领导"

虽然是一名基层项目党务工作者，但钟有兴还担负项目综合协调的工作。工程建设一线单位综合管理工作千头万绪，异常繁杂。提起钟有兴，曾经在他部门工作过的员工们纷纷找记者"诉苦"！

"他太'苛刻'了！我们有时候写文字材料错标点符号都会挨训，我记得以前还因为材料里有错别字类的小事写过检讨呢！"

"时间观念太强，开会迟到半分钟就罚我们钱，部门的同事好像都被罚过！虽说最后这钱是买零食放办公室被我们自己给'米西'了。"

"为会议准备房间要求我们去查看就罢了，还要求查看的时候必须把每个房间的空调、水龙头等打开看看空调凉不凉、水龙头漏不漏水。每次组织会议，酒店的服务员都会被我要求烦了，说从来就没见过要求这么多、这么细的中央企业单位。"

虽说是"诉苦"，但这些曾经在他手下工作过的员工更多的是对他的感激和尊敬之情。

"没有他的严格要求，我现在也养不成这么好的工作和生活习惯，没严师哪里出我这样的高徒啊！"一位曾经从他所在部门岗位走上另外项目部门负责人职务的员工打趣道。

"没有师傅的教导，我现在也不会提升这么快。他给我的感觉更多是像一个父辈和兄长！"

"没有主任，我现在各方面的工作也不会这么快上手，在他一天又一天手把手的指导下，我才有现在这么大的提升。"

在他的严格要求和培养下，仅2012年至2015年，综合部就有2人走上其他重要项目部门负责人的岗位，其他几名入职不久的大学生也成为部门专业岗位上业务精熟的骨干。

团队作战的"参与者"

采访中,钟有兴和记者提起所在项目取得成绩的时候,说得最多的是"我只是项目团队一名参与者,作为党支部书记和项目综合部门的主任,我就是为大家服务的"。

记者了解到,在成名公司工作期间,公司曾获电建集团和路桥公司多项表彰。在2008年的汶川抗震救灾中,成名公司获电建集团(股份)公司抗震救灾"先进集体"的表彰。成名党支部更获得国务院国资委2008年度抗震救灾"优秀党支部"称号;在渝广项目工作期间,在他的组织领导下,项目团支部先后获重庆市交委、共青团重庆市委员会"优秀青年突击队"以及路桥公司"青年文明号""五四红旗团支部"等荣誉,工会分会获路桥公司"星级职工之家"以及重庆市交委"先进职工之家"等殊荣,项目更在2014年和2015年连续2年获重庆市高速集团党建"六方联建"活动先进集体荣誉。

没有豪言壮语,兢兢业业,多年扎根基层、默默坚守;没有丰功伟绩,他履行着一名基层党务工作者、基层管理人员的平凡职责;没有豪情壮举,扎扎实实,这位自称不会"唱山歌"的人,用一年又一年的踏实工作和实际行动唱出了一曲动听的兴国山歌。

这就是钟有兴。现路桥公司华中分公司党委副书记、纪委书记、工会主席。

(原载《中国电力建设报》2016年10月20日)

本节思考:

读者所在的企业是否开展了选树先进典型和先进员工活动?企业新闻是否配合开展了先进典型、先进员工的宣传报道工作?先进员工的报道文章是否在企业内部或外部产生了一定影响?读者所在企业的先进员工都具有什么优秀特质?

推销口碑

2015年,时任中电建路桥集团郑州投资公司董事长张锋在接受中国电建记者采访时讲述了这样一个故事:"2015年第一季度,郑州市农业路快速通道工程实施招标,招标方按最低价选出了中标单位,中国电建没有中标。但郑州市主管此项工作的领导在获知消息后大为诧异,中国电建不参加怎么行?这些中标的小公司能按合同工期完成任务吗?于是,中国电建最后获得了两个互通立交11.6亿元的工程任务。"

2017年12月25日,农业路两个互通立交按时通过竣工验收,先后获"郑州市建筑施工安全生产标准化示范项目"、河南省"第六批绿色施工示范工程"、"河南省安全文明工地"等荣誉,并作为工程全线示范性项目有效促进了工程全线建设。

作为建筑企业,工程建设所获得的良好口碑来之不易!农业路项目建设历时近3年,近1000个日日夜夜;项目建设不易,不仅实现了自身承建标段建设,还为全线其他标段提供了示范与借鉴;项目创奖不易,以企业标准对标甚至超过行业或国家标准,并付诸实践的难度可想而知。

那么,中央建筑企业应该如何推广企业或者工程的口碑?笔者认为,建设地方、依托地方、融入地方是最根本的途径。

作为建筑企业,建筑类产品周期长、困难多、技术要求高、安全隐患多、影响因素多。但从企业新闻角度或者品牌建设角度来看,这些反而是宣扬企业口碑的有利因素,周期长到始终如一、困难多到聚力排难、技术要求高到科学解决问题、安全隐患多到全方位精细管控等,全部不利因素均符合写好一个品牌故事的标准开头。如果能够找出困难背后的解决途径,写好企业解决这些困难的故事,传播好这些问题背后的故事,那么离企业在这个区域拥有一个好的口碑还有那么远吗?汇聚所有区域单位或者区域项目的口碑推广,树立企业总部的良好企业口碑、良好品牌形象还有那么难吗?

从品牌口碑的打造方法角度来看,需要分析企业品牌形势、明确目标、制定方案、执行营销等步骤并需要长期的执行力。从企业品牌宣传的实际操作角度来看,企业口碑的打造、建立与维护需要企业领导的支持,需要制度的支撑,需要具体人员的落实,基层单位形象与单个工程形象的打造同样如此。建立企业口碑是企业新闻辐射功能的一种展现,企业宣传应重视对外宣传渠道,维护企业形象和企业口碑。

附——

商都飞虹筑梦中原——中国电建逐鹿中原发展纪实

铁骑鏖战,逐鹿中原

中原兴,中部兴,中国兴。随着中原崛起上升为国家发展战略,中国电力建设集团有限公司慧眼独具、审时度势,2012年率先挺进"东联西进、贯通全球、构建枢纽"的中原郑州,实施中原发展战略,引领中国电建路桥集团有限公司组建了中水电(郑州)投资发展有限公司(以下简称郑州投资公司),并于同年3月以BT模式中标建设郑州市三环路快速化工程中的西三环、北三环工程。西三环、北三环快速化工程既是中国电建集团进军中原基础设施市场的第一个投资项目,也是中国水电从江河走向原野,从原野走入城市的又一标志性项目。

郑州投资公司围绕中国电建"大集团、大土木、大市场、大品牌"的发展战略,紧紧抓住国家实施中原经济区建设发展战略的历史机遇,立足中原、建设中原、服务中原,积极开拓中原基础设施业务市场。3年来,先后投资建设了郑州市三环路快速化工程、中州大道南北延工程及陇海路快速通道工程等郑州市重点市政工程项目,投资总金额近150亿元人民币。

从三环到陇海,一条条绿城天堑跃然而起,一座座高架犹如玉带明珠点缀锦绣中原,为中原大地再添壮丽奇景。一条条道路书写着中国电建人的智慧与汗水,一座座桥梁彰显着中国电建人的努力和拼搏。

这是中国电建业务战略成功转型升级的有力实践，也是央企积极服务地方建设的重要缩影。中国电建实施中原发展的宏伟战略，注定要在中原大地写下浓墨重彩的一笔。

"我们遵循中国电建的战略部署，不遗余力拓展中原市场，打造比我们的生命更持久的经典建筑，为将中国电建打造成创新型、服务型、综合型世界一流企业作出我们应有的贡献！"郑州投资公司董事长张锋如是表示。

战略转型观念一变天地宽

从江河走向原野，从原野走入城市，由水电施工转向市政基础设施建设，这样一个转型，既是企业发展战略的需要，也是企业生存的客观要求。

城市基础设施项目建设与传统水电项目有很大差异，特别是在人口众多的省会城市，项目本身具有其复杂性和特殊性，如何尽快适应城市基础设施项目建设环境，树立好"中国电建路桥"的品牌形象是郑州投资公司首要考虑的问题之一。

首先，固有观念要转变。一个大中型水电站建设周期少说也要4年，而三环路快速化工程从开工到通车只有不到2年的时间。再加上环境复杂、干扰因素多、工作面狭窄等因素，对那些从山川原野刚进城的水电职工来说，是一种全新的考验，需要他们打破几十年形成的固化思维模式和工作方式，投身到全新的工作领域。郑州投资公司鼓励职工在实践中学习、在实践中总结、在实践中提高，保持不断学习的心态，先后举办BT知识讲座、市政管理培训、市政质量安全管理培训、计量支付演练等培训班，参与人数达500多人次。通过培训，职工的理念得到了转变，BT理论知识水平和业务水平得到显著提高，很快适应了市政工程"短、平、快"的特点。

其次，管理模式要提升。以前干水电站工程管理相对封闭，一个有施工能力的作业队会长时间固定不变。到了三环路快速化工程才发现，当初的管理模式已不能适应市政工程高强度的施工要求,需要我们的视野更加开阔,充分利用社会资源,通过合法合规的程序,引进信誉好、有实力的专业施工队伍。实践证明,管理模式的提升,为如期完成标段目标奠定了良好基础。

思路一变天地宽,由水电施工转向市政基础设施建设,以郑州市三环路快速化工程为标志,中国电建服务地方建设的转型升级,迈出了坚实的第一步。

高标准定位进度创优两不误

质量是企业的生命,是企业赖以生存的根本,代表着企业的形象。市政工程大多工期较短,如何在保证施工进度的同时,作出让市民满意放心的质量工程,也是对电建人的一项极大考验。

郑州市三环路快速化工程总投资57亿元,郑州市陇海路快速通道工程总投资80亿元,两个项目的工期都只有18个月;而且工程地处繁华地段,人口密集,交通流量大,施工保通要求高,征地拆迁涉及面广,建设工期紧,劳动强度高,但这些困难没能阻碍电建人的一腔热血,他们凭借创新的意识、拼搏的精神、卓越的胆识以及优质高效的管理团队,积极投身于建设中。

在时间紧、任务重的情况下,为保证项目的顺利实施,郑州投资公司把对工程的整体策划作为管理提升的重点,着力提升工程各要素指标,一开始就组织了强有力的技术班子,明确了创优思路,设定了施工进度、质量管理目标、安全管理目标、文明施工等工程控制管理目标,使工程一开始就按照高起点、高标准推进,确保创优目标全面实现。

"我们要交出一份郑州人民满意的答卷"——郑州投资公司高标准定位,通过层层签订质量责任书、建立健全管理制度,落实质量管理责任制;建立质量管理长效机制,针对施工项目质量管理的薄弱环节和突出问题,及时下发整改通知,并督促整改落实;强化过程控制,全面推行质量巡查监督机制,提高工程质量;依靠科技进步,提高质量水平；样板引路，推行首件工程认可制，使全线工程质量得到提高。

功夫不负有心人，在经历了探寻、摸索、学习、调整、适应后，郑州投资公司交出了一份让郑州人民满意的答卷！陇海路快速通道工程2013年10月开工，2014年12月31日实现大学路西段高架桥通车，仅仅用时一年零两个月。在郑州市三环路快速化工程建设中，西三环工程在2013年11月28日率先实现全线贯通，是施工速度最快的；北三环工程采用双幅形式的高架，是施工难度最大的。西三环、北三环工程，为郑州投资公司赢得了"郑州市安全文明工地""中国钢结构金奖""河南省工程建设QC一等奖""河南省青年文明号"等荣誉。

不辱使命勇于担当社会责任

从江河到原野，从原野走进城市，从水电施工转入市政基础设施建设，虽然中国电建发展战略在变，但作为央企，那种勇于担当的社会责任却始终未曾改变。

文明施工、环境保护是打造现代田园城市，建设"美丽郑州"的必然要求，也是对这支从江河走来的施工队伍的全新要求。在郑州市三环路快速化工程及陇海路快速通道工程建设中，郑州投资公司注重融入城市生态圈，最大限度地减少道路施工对行人、车流、居民的影响，处处彰显出央企的社会责任。

勇于担当社会责任，首先，体现在既要保证正常施工，又要保证正常通行上。随着郑州市的快速扩张，北三环以北建设了众多的小区、学校，居民众多。为了确保北三环沿线居民出行通畅，在北三环前期策划阶段，郑州投资公司就将保通作为施工的重点，因地制宜，向现有条件要空间，在北三环南北两侧原有绿化带内修筑两条7米宽保通路，全长约11公里；原三环主路仍保留双向3~4个快车道，最大限度方便周边居民顺利出行。

其次，在保证施工质量的基础上，不忘保护城市生态环境。郑州市三环路快速化工程，一开始就注重融入城市生态圈。结合郑州市区道路状况和自然环境条件，郑州投资公司及时优化设计方案，在道路红线范围内，特别设计预留出90万平方米的绿化景观面积，并在红线外两侧设计50米的生态廊道，营造出"公交进港湾，人行在中间，休闲在林间，辅道在两边"的美丽景观。

最后，社会责任的彰显还体现在文明施工上。郑州投资公司在施工过程中，特别注意减少扬尘、噪声对周边居民的影响。在三环路快速化工程和陇海路快速通道工程施工中，先后投入资金200多万元，为施工配备了洒水车，对尘土较多的区域进行洒水，施工场地出入口设有洗车池，每辆车进出都要冲洗轮胎，避免把泥土带到城市道路上，尽可能减少施工扬尘；对施工过程中产生的垃圾集中回收处理，严禁将垃圾乱扔，防止对周边环境造成污染。在北三环施工钻机打桩阶段，他们专门安排一台装载机随时清理，对于装载机清理后的浮土，再用小反铲进行二次刮洗，最后再用洒水车冲洗，人工配合清洗边角地带，最大限度地减少钻渣对场地的污染。

一系列文明施工的举措，无形中增加了企业的施工成本，但为了郑州的蓝天碧水，郑州投资公司觉得这些付出都是值得的。

开拓创新攻克多项技术难关

与时俱进，开拓创新，是中国电建人的不懈追求。

为了实现工程的自然景观效果，让浇筑出来的墩柱更加光亮、美观，在郑州市三环路快速化工程中，郑州投资公司将清水混凝土施工作为"中国电建""中国电建路桥"品牌的名片来抓，多次组织大家学习清水混凝土施工技术，优化施工工艺，完美达到了清水混凝土质量预期目标，获得了业主和社会各界的高度好评，并在施工全线予以推广。

北三环共有32联钢箱梁，如果使用传统的X射线检测焊缝进行常规施工将严重影响施工进度，无法满足工程工期要求。郑州投资公司群策群力充分利用自身优势，采用钢箱梁TOFD衍射时差法进行钢箱梁焊缝检测，提高了检测精度，加快了检测进度，极大地缩短了工期。

采用温拌沥青技术铺设路面，首次出现在郑州冬季施工中。按照施工计划，郑州市陇海路快速通道沥青铺设正好在冬季，受热胀冷缩影响，如果在冬季低温下铺设容易留下隐患，但根据要求陇海路主线高架桥2014年年底前必须具备通车条件。如何在保证工程质量的前提下，如期完成陇海路主线高架桥通车任务呢？温拌沥青新技术的应用解决了这个大难题。为确保沥青混凝土冬季施工质量，郑州投资公司通过室内、室外试验对技术的有效性进行验证，并召开专家论证会进行论证，确保了陇海路沥青施工稳步有序推进，如期实现了高架桥通车任务。

在工程建设中，郑州投资公司还积极开展质量、技术攻关等QC小组活动，在三环工程中编制上报了《桥梁施工支承体系稳定性实时监测预警系统研究》《市政弯桥桥面铺装层间性能及施工控制技术研究》《郑州西三环立交桥施工风险分析及控制策略研究》3个科研项目，其中，《市政弯桥桥面铺装层间性能及施工控制技术研究》获得电建集团科技进步一等奖。

有道是适者生存，百炼成钢。雄厚的企业实力、诚信的履约能力、高效的企业管理、优良的经营业绩及高度的社会责任感，不仅使郑州投资公司赢得了郑州市政府及社会各界的好评，更树立了"中国电建路桥"在中原市场良好的企业品牌形象。

成绩只是起点，不是终点

经过几年的鏖战，2014年4月30日，郑州市北三环、西三环顺利建成通车；11月30日，中州大道南北延工程全部建成通车。2015年1月26日，陇海路主线高架桥全线贯通通车。

2012年，郑州投资公司在中国电建的战略引领下逐鹿中原。那时候，初次接触基础设施建设的电建人或许还有些许迷茫，但历经3年的快速磨砺，呈现在眼前的是一支逢山开路、遇水搭桥的铁骑雄狮,他们在中原不断嬗变和扬弃,定格成为中国电建在转型升级中的重要缩影。

成绩只是起点,不是终点。2014年10月21日,中电建路桥集团有限公司华中分公司在郑州正式成立,主要负责河南、湖北等华中区域基础设施业务市场开发和项目管理工作,掀开了中电建路桥集团在华中区域发展的新篇章。

以新的姿态和面貌立足中原,必将承担新的历史使命。2015年,中电建路桥集团有限公司华中分公司秉承路桥集团"源于江河、融入世界"的企业理念,趁势而上、精耕细作,继续做好中原市政基础设施市场,力争在交通、地铁、环境保护等方面为中原人民作出更大的贡献。

商都飞虹,筑梦中原。敢于挑战、勇于亮剑的中国电建人,正以昂扬的姿态,披荆斩棘,奋力在孕育中华民族的厚土之上,筑起"中国电建""中国电建路桥"一流品牌的丰碑。

(原载《河南日报》2015年3月6日)

本节思考:

读者所在企业有没有规划品牌口碑宣传工作?企业领导的重视程度够不够?有哪些好的品牌宣传工作经验?品牌宣传为企业区域市场开发或者企业发展提供了哪些助力?

推销故事

在现代企业品牌建设中,一个能打动人、能吸引人的品牌必然有其独具特色的故事。一个优秀的品牌故事不仅能打动消费者,让消费者产生情感共鸣,还能大大降低品牌营销传播的成本。一个优秀企业故事的背后,也一定有一个个真实的故事让人记忆深刻或者曾深深感动着读者,而这些感人的故事应该是企业新闻最早发掘出来的,并且应该是企业宣传中时常重复、反复讲述的内容!

2015年3月,笔者在组织企业践行"雷锋月"活动报道期间,就企业年度各单位开展雷锋活动的故事进行了汇总报道,虽然相应单个故事的文章已被上级单位网站或报刊采用过,但通过"雷锋月"这个切入点,通过汇总报道这种形式,相关故事再次登上了《中国电力建设报》,并作为专刊头条进行了再宣传、再报道。

当前的品牌营销传播观念认为,一致性与重复性是品牌传播的第一核心与第一原则。从中央建筑企业现状来看,中央建筑企业其实并不缺少优秀的企业故事,但在中央建筑企业新闻的对外宣传过程中,中央建筑企业实际缺少的是能始终如一、坚持反复讲述的企业故事,并最终使之达到能代表品牌形象的高度。

附——

中国电建：寻找自己的"雷锋"

3月5日，又是一个学雷锋纪念日来临，中国电建各企业开展的学雷锋活动依然热烈。而在3月以外的日常生活、工作中，中国电建各单位、员工发扬雷锋精神的实际行动一样精彩。

2014年9月，中国电建青岛中德生态园项目所在地红石崖镇部分社区遭受暴雨漫灌，桥梁损毁严重。灾情发生后，项目部第一时间行动起来，积极投入当地抢险救灾中，帮助当地村民恢复生产、生活。当得知红石崖镇部分村镇对外通行的5座桥梁被洪水损毁严重时，青岛项目部领导集体研究决定，资助当地村民修复受损桥梁。桥梁修复后，红石崖镇街道办事处向青岛项目部赠送锦旗。

2015年4月，当中国电建烟台项目得知附近村民买卖农副产品要到几公里外集市上，项目部工会与姜各庄镇政府、当地几个村委协商，项目部负责义务出资、提供机械，在上庄村东50米的开阔地修建了占地面积600余平方米的临时农贸市场，被附近村民亲切地称为"爱心"市场。

2015年4月2日，西安沣河水位在持续2天的强降雨下急速上涨，严重威胁到沣河水面工程3号橡胶坝坝体及下游人员生命和财产安全，中国电建西安项目员工紧急出动，赶赴现场抗洪抢险，展开了一场人与洪魔的决战。

2015年4月25日，尼泊尔发生8.1级地震，与尼泊尔毗邻的西藏自治区日喀则市吉隆镇遭受震灾，灾区急需棉被和军大衣等冬季保暖衣物。中国电建烟台项目工会分会和团支部联合下发捐助倡议书，短短3天，共收集到各类保暖衣物600余件、300余公斤、17个包裹，通过邮局运往了灾区。

2015年6月2日，电建路桥公司福建分公司组成青年志愿者服务队，前往儿童福利院开展以"青年志愿服务关爱在路上"为主题的关爱行动,志愿者们向孩子们送上爱心礼物,并与孩子们开展了沟通互动活动,零距离接触、帮助这些被遗弃的残障儿童。

2015年4月1日,郑州市经三路南、北三环主线桥面因当日大风吹起的垃圾袋冲入排水孔造成主线路面大量积水,最深处积水近80厘米。深夜的郑州大风大雨加降温,凌晨时分,中国电建北三环项目第二工程处处长赵乐和他的同事们得知这一险情,迅速赶往现场抢险排障。

2015年8月12日下午1时许,中国电建郑州陇海路项目第八项目经理部施工调度员刘鹏前往施工现场时,拾到价值近30万元的银行承兑汇票和现金,苦等1个多小时无果后经公安部门交还到失主手中。失主芮女士向他赠送锦旗致谢。

2016年2月,春节期间,路桥公司武汉排水项目员工坚守建设一线,以自己的实际行动为早日建成武汉市城市排水设施顶风冒雪、只争朝夕,谱写了一曲践行企业责任、严抓履约,助力政府、业主实现共同发展的和谐奉献乐章。

从拾金不昧到深夜排障,从志愿服务、捐助捐献到节日坚守,从抢险救灾到无私援建,中国电建各单位、员工用自己的实际行动展现了央企人视人民为亲人、把驻地当故乡的无私情怀,展现了中国电建在构建"责任、创新、诚信、共赢"企业价值观体系过程中的实际行动,展现了中央企业、央企员工围绕社会主义核心价值观,助力我们祖国实现中国梦的不懈追求。

雷锋精神永存!

(原载《中国电力建设报》2016年3月10日)

本节思考：

　　讲好品牌故事是一个漫长的过程，仅企业新闻也并不能使企业品牌故事得到最大限度的传播，利用名人、企业领导人等的口述以及广告会有更好的效果。但作为品牌故事最早的发掘者，读者所在企业是否利用企业宣传使这些故事情节在企业内部广泛传播并为人所知？基层单位是否利用企业新闻挖掘并讲述本企业的故事？这些故事情节在企业内部是否助力了基层单位形象的提升？这些故事情节是否具备提升企业品牌形象的潜质？

推销故事

推销能量

国内品牌专家曾把品牌的作用分为 4 个层次：练就别人学不会的本领；发现别人看不见的资源；有尊严地获取稳定的利润；分享持久的精神喜悦和智慧。品牌建设中为品牌赋予精神的能量，是品牌价值评价的一项重要评估指标，一个卓越的品牌不仅能使员工以此为乐、以此为能，更能给予客户心灵的力量、精神的愉悦。

作为中央建筑企业，如何给企业品牌与企业产品赋予精神的能量？答案只有一个——企业文化，而具体落实到企业新闻层面，就是指新闻作品。

为企业、产品赋予文化的能量、赋予精神的能量是当代企业品牌建设和品牌推广众多方法中代价最小和成本最低的一种。在"书香里的父母爱"这篇企业员工作品中，员工一段平凡真挚的情感令人反复回味，文章获全国第三届"书香三八"读书活动二等奖；"少年行·梦合于电建"作者历经多岗、多职，初心不改、矢志向前的精神发人深省，企业上级及兄弟单位的多位资深编辑找笔者要原文，说要让即将高考的孩子当范文学习。两篇作品虽然表现的内容不同、表现手法不同，但作品中蕴含的精神能量都体现出企业员工正面、积极、向上的精神特质。

对中央建筑企业来说，一项伟大的工程历时久远，从数年到数十年甚至数百年，建设人员经年累月，乐此不疲，一代接着一代，始终向着一个目标奋斗。如果工程建设的历程是中央建筑企业砥砺前行的深深足迹，建设中的曲折和艰辛是建筑企业员工朝着既定目标前进的奋斗历程，那么工程完工、交付才是工程能为企业品牌赋能的开端。建设中的人和事固然使企业员工有代入感，但使用者的美妙使用感受与企业产品背后的精神能量才是中央建筑企业践行企业使命、服务社会和人民的最终价值所在，才是企业品牌的最终价值体现。

而此时，企业宣传和企业新闻的工作才刚刚开始，且随企业一同向前。

> 附——

书香里的父母爱

第一部 为了让我们读书

1989年冬天，我出生了。作为父母的第一个孩子——一个女孩，在重男轻女相当严重的河南农村，妈妈不知道偷偷抹了多少眼泪，她不是不爱我，只是受不了这世俗。可惜的是，第二个孩子还是一个女孩。妈妈说过，那个时候她觉得矮了一截，经常偷偷地哭。但不管怎样，爸爸还是很欢迎我们的到来，经常笑着带我们玩。终于，弟弟出生了，妈妈那时笑得特别开心、特别简单，爸爸也呵呵地笑，只是笑里面很复杂。

妈妈没读过书，嫁给爸爸之后就是相夫、教子、种田，她能想象的美好生活就是生几个孩子（当然，得有个儿子），然后像左邻右舍一样平平淡淡地过日子。在弟弟出生后的那段时间，她真的过上了这种美好的生活，她的满足与甜蜜溢于言表。可是爸爸有了新的烦恼。他是村子里最早出去打工的，他看过外面的世界，他想让自己的孩子们不再"面朝黄土背朝天"。在弟弟出生后的那段时间，他很焦虑，为孩子们的未来犹豫不安。

虽然他俩在很多事情上不一致，但有一点共识很牢靠——无论如何要供孩子们读书。终于，在我小学毕业的时候，爸妈决定搬到城里去，为了让我们上学！

第二部 为了你们而读书

在城市营生不易，这生活远远超出了一家人的想象！爸妈起早贪黑经营一个杂货店，每天都是"灰尘沾满衣、愁容挂眉头"，微薄的利润要支撑一家五口的衣食住行，还要负担3个孩子的学费，他们太不容易！我还记得初到城市的那两年，我们搬了6次家，有的是居民楼，有的是仓库房。

就是这样的生活，给了我们极大的动力去读书、好好读书，为他们读书。爸妈太忙，很少关心我们学习的细节，只是每次开家长会的时候爸爸都去（妈妈总说，她没念过书，怕去了丢人），他看到红色排行榜上我的名字时笑得很开心。在那段艰苦的日子里，这份笑容太珍贵了，我爱这笑容，爱得刻骨铭心。

为了这笑容，我整个高中时期都是班里的第一名。爸爸最骄傲的就是去开家长会，因为所有的家长都知道：他是第一名的爸爸，而且，一直是。我没有"为中华之崛起而读书"的高尚目标，我只想用成绩带给爸妈些许快乐、些许荣耀。我是多么高兴呀，生活还给我开了一扇读书之门，让我能够改变生活！

高考前一天晚上，和很多考生一样，我紧张得失眠了。当我翻来覆去的时候，听到妈妈在隔壁轻声说了一句"睡不着呀"，原来他们也醒着。万幸，这一夜的无眠竟没影响到考试，那发自内心的力量让我撑到了最后。一张录取通知书，是18年来我能给父母的最好的礼物。爸妈真的很开心，那年夏天他俩都胖了许多。

直到大学毕业前，读书、成绩，一直是我爱父母的最好表达，是他俩的那份期待、那份疼爱让我面对枯燥的考试时却甘之如饴。妹妹、弟弟成绩也不错，妈妈最爱说的一句话就是"我没上过学，但我的仨孩子都是大学生"。其实，为了我们仨读书付出最多的是你们呀——爸妈！

然而，在他俩欣喜地细数那些奖状时，读书悄悄地给我插上了一双翅膀。

第三部 离家不离心

鸟儿大了，总要被父母赶出巢穴独自谋生。然而，人类社会却与之大相径庭。当我小心翼翼地流露出想留在外面工作的时候，电话那头的爸爸沉默了，妈妈嘟囔着"去外边干啥，家里好"。之后的研究生生涯都伴随着爸妈要让我回家的"招安"工作。他们好言相劝，我也和风细雨，但毕竟孩子大了，毕竟读书明志。我还是选择了在离家一千多公里的地方讨生活。

这几年家里的条件好起来了,他俩的工作也换了,终于有了自己的房子。可是大女儿远在千里之外工作,小儿子在外地上学,还好有二女儿在家工作,但终究是要嫁人离家的。每次妈妈掰着指头数我们仨的时候,总是有点悲伤。在他们有能力给儿女们更好的条件时,孩子们却都长大了。

去年过年回家,我妈在看电视,她指着电视里的角色对我说:"这姑娘跟你一样,非要去外面工作,她爹妈咋说都不行。唉,读书也不好!小时候读书好的,长大了都离开家了,反倒是那些不爱读书的,长大了还围着父母转,一大家子人热热闹闹的。"我没接话,担心一开口眼泪就不听话了。

是呀,这书香里饱含了太多爱与情!为了读书,你们背井离乡、饱受生活的艰辛;为了读书,我们悬梁刺股、感受考试的酸甜。这书本,给了咱家动力与荣耀,让你们笑逐颜开;这书本,也给了孩子们远行的梦想,让你们一时难以释怀。如果说人的前半生是忙碌的耕种时节,爸妈把我们仨拉扯大,供我们读书求学,你们用大半辈子最好的时光哺育了我们,那么后半生是收获时节,请健康平安,做孩子们舞动人生最忠实的见证者。

爸妈,游子离家心未离。你们应该高兴呀,孩子们是如此年轻、愿意奋斗、不畏苦难,恰如当年的你们一样!

时间都去哪儿了?去了田野,去了校园,去了那家杂货店。

时间要去哪儿呀?去向工作,去向家庭,去向父母的年夜饭。

(原载《中国电力建设报》2015年10月22日)

附——

【我和中国电建的故事】少年行·梦合于电建

曾有那么多的梦想，以为将会是挥斥方遒、击水中流不变色的士子；以为将会是墨写汗青、无声处落笔留真章的直史；以为将会是开创事物、破除成规束缚的开拓者；以为将会是知行合一、誓守人心之光明的守仁者；以为将会是行遍四海、迹达未知之地的苦行者；以为将会是兵甲着身、守卫家国不畏死的战斗者……

士农工商、货殖盐铁，诸多行业，也使得年少时期的梦想，总是会不停地变换，但无论怎样，总还是奢望这世界因自己而不同，所作所为，虽无法移山倒海，却也想要让世界更加清明。但梦中可塑造万千未来，现实却只有一次机会。同诸多的寻找未来路上的人一样，我们都在潜移默化，趋于最真实的自己。而我的改变，源于4年前。

八月·骄阳·京城·少年们入得门来

2011年8月，十多名少年相遇于中国电建集团路桥公司，彼此用好奇的眼神互相打量，也观察着这个未来将要工作的地方。然而并不知道自己究竟是多么幸运地进入了一个将会影响他们一生的团体中来了。我也在他们之中，假装淡然地看着这些同伴们，悄悄掩饰着内心的激动与忐忑。

之后，时间仿佛开始加速，互相的熟稔极为迅速。当时以为是缘分匪浅，但后来才逐渐明白这一份缘分，是连接于中国电建这一个大心脏而后衍生出来的。正如"每一个你所以为的巧合，都是对方默默的付出"一般，企业早早为我们这些初出茅庐的少年备下了一场盛宴。在入职培训中，从第一课的如何转换身份融入工作生涯开始，电建集团、路桥公司的领导和前辈们为我们拿出了一道道思想的大餐。从艰难奋斗的个人经历到开创市场的强大魄力，从一丝不苟的工作态度到纵观全局的经营理念，从脚踏实地的基本要求到勇于创新的开拓精神，从源于江河的忠诚敬源到融入世界的广阔胸怀……当时，听得如痴如醉，奋笔将这些宝贵的理念一一记录下来，如获至宝，并给自己写下了"只有成长，没有成功，希望一直在成长"。但并未想到，他们对我的影响，远不止一时的震撼，我也并非如获至宝，而是从此伴宝而行。

之后，十几名才认识的小伙伴各自按公司的安排奔向东南西北，相约早日再见。互相都没有想到，中国电建在康庄大道上奔行得如此之快，而我们，"在路上"亦再未停歇。

九月 · 授衣 · 沽上 · 且看着君道不孤

怀揣着澎湃的思潮，我来到了天津武清。武清项目占据了当时集团公司基础设施业务总投资额的 30%，是名副其实的明星项目、重点工程。

但成长总是在曲折中方可有所得，真正进入工作之后，才发现原来所知甚乏，而所需甚多。从最简单的资料整理、制度学习、流程熟悉、事务办理、文件起草、与人沟通、时间规划起步，想要做好任何一件事，并且合乎规矩、章程，令人满意，要学习的东西实在太多。乍一看，甚至多到都能浇灭自己的勇气。但幸好，我并非踽踽独行。

这里，我有师傅，他不但帮助我制订自己的学习计划，授我以工作经验和方法，更言传身教以认真负责、一丝不苟的工作态度，这些一并深刻感染我并形成乐观积极、从不惧难的人生观；有同事待我以真诚，不但十分配合各项工作，更充分地进行交流，指出疏漏，给出建议，共同进步；有领导不吝指导和关心，不只将我看作下属，更身兼我的导师和榜样，传送他们先进的理念，点亮我前行的灯塔。这里是一个精诚合作、全力奋斗、温暖如家的团队！而我似是一个初长的小草，风雨皆至，但根被中国电建这片坚实的大地牢牢包裹，以便我尽情地在风雨中伸展身躯，学会应对困难。

依旧记得武清项目房建工程交房验收前夕和交房阶段，为了让全部的业主顺利按期拿到优质的房子，项目公司技术部门全员出动，每天早上天蒙蒙亮即前往工地现场，开始一天的工作，对每一间房子进行检查验收。彼时电梯尚未验收，全凭双腿爬上爬下，中午匆匆吃完盒饭继续开工，晚上还要开会总结情况，完善资料。这样的日程持续了3个多月，风雨无阻，从未间断，无一人稍有懈怠。我有幸参与其中，虽有时也感到乏累，但看见每天的成果和一同坚持的同事，却从未想过停歇，心中想的是：路在、心在，同道者皆在，足矣！

十月 · 燃情 · 渝城 · 得进益皆源于此

在重庆北碚，渝广项目的一年多，是最富激情的一段时光。这里，因工作需要，我改换部门，接触新的工作，迎来新的挑战。第一篇新闻稿，第一次筹备会议，第一次举办活动，第一次布置展馆，第一次主持节目，第一次在工地现场竖立"中国电建""中国电建路桥"的宣传牌……诸多的第一次，虽是巨大的挑战，却也让我受益颇深。

在渝广总承包部，也有诸多和项目公司的不同之处。不同的建设模式，"小业主、大总包"下的管理压力，作为中国电建首批进入重庆市场的基础设施项目，当地政府的高度关注，EPC模式下对与各施工分部的协调、管理的探索……这些不仅是领导们的职责，更与全部员工的日常工作息息相关。在向大家学习过程中，我也快速融入这样的环境中来，在执行大量日常工作的同时，也秉承中国电建勇于创新的理念。作为总承包部的员工，沟通、协调容不得半点不细致的差池，时时紧绷的神经、持续高强度的加班、永不能停止的思虑，似乎随时会击垮自己一样。

然而现在回首，突然想到那一年多的时间，竟一次病都未曾生过，反倒是那诸多的挑战与压力，让我获益匪浅。在不停的奔波服务中，更认真地看清了自己的短板和将来的方向；在繁复浩渺的事务办理中，更合理地利用起全部的资源和规划自己的时间；在不停的材料起草中，更全面地了解到了公司的管理模式和项目的运作机制；在与集团公司各成员企业人员的交流中，更深刻地感受到了中国电建的浑厚历史和企业文化的独特魅力……诸多所思所得，都源于此间。

仍旧清晰记得一个小小的场景，在和同事经历了一个不停歇的忙碌月之后，小酌闲叙，"这一个月真是忙了平时3个月的活儿呢""但学到的也远不止平平稳稳3个月所得的吧。在咱们电建，不论哪一个深夜，都有些部门、某些项目、太多的员工，从未停止奋斗吧，而奋斗的原因，就是信念相通吧"。

葭月·意浓·几江·紧相连进退与共

2014年，中国电建开辟重庆市场再获成效，顺利拿下江津区江习高速公路项目，我应召前往江习投资公司工作。江津城区靠山环水，长江在城边流淌出"几"字形，这里人杰地灵，素有"长寿之乡"的称呼。然山水秀奇处，对于修建高速公路的中国电建人来说，却是关隘重重处。当地称谓的雄阔笋溪河，秀奇四面山，却是我们眼中的笋溪河特大桥和四面山隧道。

阡陌终须人开，关隘必使通达！纵有万千难关，拦不住奋进的电建人和这个凝聚的团队。在江习，每一个人都能深刻感受到中国电建广博包容的文化和凝聚力量的精神，作为在江津区的第一个项目，获得了集团公司同类项目的大力支持，传播经验、互通思想；更得到了同在重庆的渝广、梁忠项目的真诚帮助。而在内部，项目公司全体人员能拼能打，遇到问题、困难，立即拧成一股绳，共同出击。曾有同事为了帮助我完善较为紧急的资料，前一天深夜刚刚到家，第二天凌晨赶飞机回到公司在周末和我一同加班，而这种情形，在项目其他要害部门更是处处可见。

中国电建的包容和凝聚，并非仅限于公司内部。在江习，公司和总承包部，和当地政府、指挥部等融合紧密，利用中国电建独特的企业文化，加强合作共赢。就我自己所负责的宣传工作，项目公司和总承包部分别出版内刊和报纸，一重理念文化，一重项目实际，互相补充、相得益彰。中国电建获当地政府称许"在江津文化最值得点赞的建筑企业"。同时和当地政府、指挥部合作共赢，以优良项目为基础，共同打造创新宣传方式，当地媒体首次对建筑行业"六位一体"的全方位、多角度报道，就给了电建集团的江习高速公路项目。正是这样的企业精神，感染了当地的政府和百姓，江习高速公路项目的征地拆迁工作一次性签约率达99%，征地速度创下近年来重庆市同类项目的纪录，就是当地人民对"中国电建""中国电建路桥"品牌形象认可最明显的表现方式！

而我作为一名参与者，看着"中国电建"在当地百姓的口中，从所知尚少，到逐渐家喻户晓，到当地媒体主动追踪报道，所获点赞日益增多，心中的欣慰和自豪也油然而生。偶尔想起那年夏天，怯生生地进了中国电建集团的大门，如今亦可以用自己的微薄之力为它作出一些贡献，有种妙不可言的感觉，而这才是梦想中真正踏上了电建集团的这条路的感觉。

冬月 · 伊始 · 北京 · 再回首明心见志

天气渐凉，龙潜月时。我又回到了当初出发的地方——北京。4年之久，当时相约再见的小伙伴都变成了大伙伴，还有很多依旧在各地奔波，在各项目现场付出青春。时间长久，但回忆毫不模糊，想到当年写下"希望自己一直成长"的心愿，经历磨砺，激情还在，却也多了一份沉淀，亦又是新的开始。

4年时间，只够刚刚在中国电建这样一个综合性大企业中摸得一条准入的门槛，这里就是这样一个奇妙的地方，它在潜移默化中授人以"包容、激情、奋进、理性"等众多时代必需的品质，它最大的吸引力，便是"常为新"，这是值得我们用尽全部时间和精力去感受、去融入的，如今亦偶尔想起少年时那些梦想，可仔细分析，那些梦想中流露出的奉献、守护、开拓、创新、战胜自己……无一不能够在电建集团的前进方向上找到契合之处。在中国电建，众多年轻的梦想来到这里，交融，升华，汇聚成更大的愿景、更实际的方向！而在中国电建这片梦想之地，我愿长久身居于此，求学于此，梦合于此，心归于此。只因我之所得，皆源于此，唯愿可尽献于此。

后记：4年多的时间，虽称不上每日都是大好时光，却注定是最难忘的经历，多次想动笔书写，但真情最是难写。借此春花初开的时节，想着务必留下一些印记，但更多的感受依旧无法一一描写，好在这只是开始，前方自有更有意义的时光，可供我们用心书写。

（原载中国电建网 2016 年 4 月 22 日）

本节思考：

读者所在企业员工的思想、文字能带给人什么样的精神能量？所在企业是否有相关企业文化活动？所在企业的企业品牌具有什么精神层面的能量，又是如何对外展现的？

后记

本书终于能够付梓，感触良多，不仅是因为一项工作的终结或者是结果，更多的是自己的写作反映了工作经验和知识积累的全过程。在数十年的职业生涯中，面临最大的考验是如何突破认知的局限与解决职业知识学习的方法、途径问题，特别是国有企业在转型发展的过程中，单一、片面的宣传个案描述不可能具备展现企业所有可以确定的转型或者发展的全部信息。此外，在一些具体实施的宣传个案中，事后来看应该还存在更多、更有效的方法和途径，学习、利用好这些知识，以工作实效助力企业可持续发展，就成为企业在转型或是创新发展过程中关键且有效的组成部分。

有很多单位、个人对本书的出版给予了帮助，谨允许我表示感谢：

感谢中国电建和中电建路桥集团给予我这个充满挑战、充满乐趣的工作，真诚地帮助我，启发我人生职业生涯的智慧与思路，留下许多值得回忆和自省的事。

感谢在清华大学继续教育学院求学过程中多位专家、教授在企业管理方面前瞻性知识的分享，让我领悟到企业多元化发展与多个行业产品、社会、环境交互作用的意义和内涵，对我从事的企业宣传工作给予了重要的启迪。

感谢中电建路桥集团公司党委书记、董事长周孝武，他始终对我负责的工作给予莫大信任，当我内心忐忑拿着还不成熟的书稿请他作序时，每天连散步时间都是挤出来的他却丝毫没有犹豫，欣然接受，而在认识和跟随他的数十年中，他的工作作风和工作态度数十年如一日，笃行务实、行稳致远，一直是我前行的榜样。

后记

感谢中国电建集团新闻中心编辑老师,特别是孙建立主任多年手把手地教导,让我学会了企业宣传工作从新闻素材源头到最终实施完成的全过程,有了实际开展企业宣传工作的经验。

感谢身边可爱、可敬的同事和曾一起从事企业宣传工作的伙伴们,是他们接受我随时随地的"打扰",并不厌其烦地为我解答不了解的专业问题,是他们给予我支持、理解和密切合作,让我久久不能忘怀。

感谢电建环境公司的孟春生与福建区域的徐业同志,他们阅读了本书改动前期的部分章节,给出了有益的建议,对本书质量的提升具有重要意义。

感谢中国经济出版社的李祥柱老师和姜莉老师,他们对此书的出版给予了极大的支持。

最后,我要感谢我的家人,感谢他们对我事业的宽容、理解与支持。特别是我的爱人,在照顾家庭、孩子的事务中她补足了我的缺位,让我在工作中丝毫没有后顾之忧,即使当我提及出版书籍时,她也毫无怨言地给予支持并参与了本书的校审工作,极大地加快了本书的出版进程。

刘永奎

2023 年 3 月于北京